9788599993842
CB129376

ESTUDOS SELETOS EM "A DOUTRINA SECRETA" de H. P. BLAVATSKY

SALOMON LANCRI

ESTUDOS SELETOS EM "A DOUTRINA SECRETA" de H. P. BLAVATSKY

Tradução
Norma M. R. Palmeira

Revisão Técnica
Alberto Brum/Jane Dullius

Editora Teosófica

Título do Original em Inglês:
SELECTED STUDIES IN THE SECRET DOCTRINE

Edição Original: The Theosophical Publishing House Ltd
Londres, Inglaterra
Publicado originalmente na França como
Introduction à l'Étude de la Doctrine Secrète
Por Edições Adyar, 4 Square Rapp, Paris.
Traduzido do francês por Ianthe H. Hoskins, como
Selected Studies in the Secret Doctrine

Edição em Português:
1992, Editora Teosófica

Capa: Fernando Lopes
Composição/Diagramação: Raimunda Dias

Direitos Reservados
EDITORA TEOSÓFICA, Sociedade Civil
SGAS, Quadra 603 – Módulo 20
70.200 – Brasília-DF
Fone: (061) 226-0662/226-1036
Fax: (061) 226-3703

PREFÁCIO À EDIÇÃO BRASILEIRA

Este texto é um trabalho para inúmeras leituras. É um desafio estimulante para aqueles que iniciam o estudo da filosofia esotérica e um instrumento de auxílio para os que já tiveram contato com a magna obra da destacada teósofa russa, sendo uma fonte para clarificar pontos importantes.

Seu autor aborda alguns dos temas centrais apresentados por H.P. Blavatsky , procurando facilitar a compreensão e indicar conexões. Também utiliza, constantemente, extratos de *Ísis sem Véu, A Chave para a Teosofia, Coleção de Escritos de H.P. Blavatsky (Collected Writings)* e *Escritos Esotéricos* de T. Subba Row, identificando várias passagens onde os mesmos termos estão presentes.

Ao longo dos seus quatorze capítulos, são analisados tópicos fundamentais que aparecem nas diversas tradições do Oriente e do Ocidente, com um esforço de correlacioná-los e apresentar os diversos significados. É um livro de valor para todo estudante da filosofia esotérica e é especialmente indicado para aqueles que têm atração pelos escritos de Blavatsky.

Apesar de sintético, possui diversos níveis de profundidade, apresentando uma base da cosmologia e da antropogênese oculta, em capítulos como "O Homem Celestial", "Os Sete Elementos", "A Alma do Mundo" (*Mahat* ou *Alaya*), "Os Sete Primordiais" (os *Dhyāni-Buddhas* do Budismo Mahayana) e "A Guerra no Céu e a Queda dos Anjos". Na parte inicial há um bom auxílio para o início do estudo das *Estâncias de Dzyan*, traduzidas em *A Doutrina Secreta.* Ao final, apresenta comentários sobre a Senda espiritual. E em toda a obra há inúmeros paralelos entre os escritos de Blavatsky com a Cabala, a Mitologia, a Vedanta, os *Upanishads*, os *Purānas*, textos Gnósticos e o Budismo esotérico.

Salomon Lancri é um respeitado estudante da filosofia oculta e da obra de Blavatsky. É ex-Secretário geral da Seção Francesa da Sociedade Teosófica, conferencista, autor de inúmeros artigos e do livro *Doutrinas Iniciáticas; ensaios de Ciência Oculta* (edições Adyar, Paris), traduzido para o inglês por Ianthe Hoskins com o título de *Ensinamentos dos Iniciados*.

Esta tradução, cuidadosamente revisada e com o acréscimo das referências de *A Doutrina Secreta* na edição em português, é um estímulo para o trabalho dos estudantes da tradição esotérica.

NOTA DO TRADUTOR

Os trabalhos mais amplamente citados foram publicados originalmente numa época em que a transliteração de outros escritos, do sânscrito em particular, não tinha sido uniformizada, e quando o uso de letras maiúsculas, itálico, pontuação e, muitas vezes, até de pronúncia não estava convencionado. Nos interesses da uniformidade e estreita concordância com o uso moderno, teve-se, portanto, alguma discrição na apresentação das citações. Onde se pensou que a modificação poderia alterar a intenção do autor (por exemplo: *kosmos*, Cosmo, cosmo), a forma usada no texto original foi acrescentada.

A tradução foi inteiramente examinada e aprovada pelo autor, que introduziu umas poucas alterações na versão inglesa.

I. H. H.

SUMÁRIO

ABREVIAÇÕES

Trabalhos por H. P. Blavatsky

SD *The Secret Doctrine (A Doutrina Secreta)*. As referências são dadas às três edições pela ordem de publicação, i.e, à edição original de 1888 / à 3ª edição de 1893 / às edições de Adyar em 6 volumes.*

IU *Isis Unveiled (Ísis sem Véu)*

CW *Collected Writings (Coletânea de Escritos)* (O volume X, que é amplamente citado, contém as *Atas da Loja Blavatsky*, originalmente publicadas em 1890.)

GT *Glossário Teosófico*

VS *The Voice of the Silence (A Voz do Silêncio)*. Os

---

* Nesta edição há uma 4ª referência: DS – *A Doutrina Secreta*, Pensamento, S.Paulo, 1981. (N.E.)

números dos versos referem-se à edição do Jubileu de Ouro de 1939.

KT *The Key to Theosophy (A Chave para a Teosofia)*. Os números das páginas se referem à primeira edição (em inglês).

Outros trabalhos

EW *Esoteric Writings (Escritos Esotéricos):* T. Subba Row (2ª edição, 1931)

PBG *The Philosophy of the Bhagavad-Gītā (A Filosofia do Bhagavad-Gītā):* T. Subba Row (3ª edição de Adyar, 1931).

ML *The Mahatma Letters to A.P.Sinnett (As Cartas dos Mestres a A.P.Sinnett):* Transcrito e compilado por A.T. Barker (3ª edição revisada, 1972).

PREFÁCIO

Um título de livro deve ser conciso; por esta razão, dificilmente pode oferecer um verdadeiro retrato do livro que representa. A palavra "Introdução" que, por falta de uma melhor, aparece na capa deste trabalho[1], poderia ser criticada neste sentido.

O estudo de *A Doutrina Secreta* requer um esforço mental vigoroso; as dificuldades da tarefa são aumentadas pelo uso de um grande número de termos emprestados de várias religiões, mitologias e filosofias, cujo significado, se não é familiar ao leitor, tornar-se-á claro gradualmente.

---

1 Edição original francesa 1967: *Introduction à l'Étude de la Doutrine Secrète (Introdução ao Estudo de "A Doutrina Secreta").*

Um resumo geral, no qual as definições e explanações espalhadas pelo trabalho de Mme. Blavatsky são reunidas, pode servir como um fio de Ariadne num contexto que é difícil pela grande abundância de suas riquezas.

Esta Introdução não é tanto um livro para ser lido antes de se começar o estudo de *A Doutrina Secreta*, mas sim uma ferramenta de trabalho para ser usada durante o seu estudo, exatamente como um viajante consulta um mapa, de tempo em tempo, durante sua viagem.

Estudantes não devem, portanto, ficar surpreendidos se, numa primeira leitura, as páginas que seguem exigirem um sério esforço de concentração. Estamos confiantes em que se não se desencorajarem por sua dificuldade, serão ricamente recompensados por seus esforços.

Dr. P.Thorin

INTRODUÇÃO

> Numa observação atenciosa, achar-se-á que nunca foi intenção dos ocultistas esconder realmente dos estudantes mais seriamente determinados o que eles escreveram, mas antes encerrar sua informação, para fins de segurança, num cofre seguro, cuja chave é a intuição. O grau de diligência e zelo com os quais o significado oculto é procurado pelo estudante é geralmente o teste, até onde esteja habilitado à possessão do tesouro tão escondido.
>
> *The Mahatma Letters to A. P. Sinnett, pág. 275*

Teosofia, ou Sabedoria Divina, é uma ciência oculta. É também a Ciência do Oculto. Seu campo é o invisível. Sustenta que tudo percebido pelos sentidos tem uma profundidade secreta; a superfície dos objetos, seu 'horizonte exterior', é apenas o limite de uma 'escuridão inteiramente repleta de visibilidade', uma frase usada por Maurice Merleau-Ponty (*O Visível e o Invisível*, 1964). Esta 'segunda visibilidade' torna possível, aos que desenvolveram as faculdades psíquicas necessárias, explorar a dimensão oculta do Universo. É este horizonte interior das coisas o objeto da investigação teosófica.

Em 1888, Mme. Blavatsky apresentou, em *A Doutrina Secreta*, o que é efetivamente uma síntese desta ciência do invisível, um trabalho complexo que precisa ser adequadamente exposto ao leitor. Esperamos que esta introdução ao livro torne seu estudo algo mais fácil.

É, na verdade, uma tarefa árdua porque Mme. Blavatsky freqüentemente apresenta mais intimações do que explanações e, como Clemente de Alexandria, no seu *Stromata*[1], ela propositadamente utiliza as mesmas palavras em diferentes sentidos. É óbvio que deseja que seu leitor seja, ao mesmo tempo, um estudante e um buscador. Ainda mais, fazendo suas revelações, não lhe foi

---

1 *Stromata* – Obra clássica de Clemente: "reunião de notas gnósticas, conforme a verdadeira filosofia". É um sumário das lições que recebeu, no Egito, do gnóstico Panteno. (N.E.)

permitido ir além dos limites impostos para ela por seus próprios instrutores, que estavam ansiosos por restringir o conhecimento dos segredos fundamentais da Natureza a uma elite de discípulos cuidadosamente escolhidos por suas qualificações e altruísmo.

Aquele segredo, devemos admitir, tem sido bem preservado. Sem minimizar a vasta extensão das revelações que ela fez, é, contudo, verdadeiro dizer que *A Doutrina Secreta* está muito longe de ser uma exposição total do oculto. Entretanto, oferece ao leitor uma informação acerca dele, em contraste com a literatura tântrica que, a despeito das constantes alegações que segredos iniciáticos maravilhosos estão sendo divulgados, pouco ou nada revela, de fato, porque ela sempre se detém pouco antes do ponto mais interessante. Na verdade, como Mircea Eliade ressalta, nunca se encontram nos textos tântricos 'as orientações práticas para o *sādhana*; nos momentos críticos, deve-se ter um mestre' (*Forgerons et Alchimistes*, 148).

Um dos grandes méritos da Sociedade Teosófica é o de ter atraído a atenção do mundo ocidental para o imenso interesse pelas religiões e filosofias orientais e, assim, ter ajudado a revelar seus tesouros à Europa e América. Além disso, uma valorização apropriada de muitas das doutrinas arcaicas é restaurada. Com uma energia entusiástica e uma erudição surpreendente, Mme. Blavatsky dedicou-se à tarefa de salvar da degradação certos aspectos do pensamento antigo. Hoje estamos aprendendo a apreciar mais e mais o grande erro cometido por aqueles que procuraram sepultá-lo sob o sarcasmo, ridículo e até menosprezo.

Teosofia é, acima de tudo, uma tentativa de restaurar os Mistérios da Antigüidade de um tempo em que a Esfinge, um símbolo da Sabedoria Antiga, não mais devorava os que procuravam decifrar seu enigma à força, sem se fazerem primeiro dignos de receber seus segredos, após longa preparação. A pobre Esfinge 'profanada e desfigurada pelo Édipo moderno' foi jogada finalmente 'no oceano de especulações' no qual foi afogada e morta (SD III 95/V110 - DS V 101).

Mme. Blavatsky afirmava que, com poucas exceções, os ocultistas ocidentais do seu tempo estavam todos no caminho da feitiçaria. Por isto, tentava, a fim de eliminar qualquer possibilidade de mal-entendido, definir a natureza da Teosofia. O termo 'ocultismo', dizia ela, engloba muitas ciências esotéricas. Elas são classificadas pelos hindus em quatro categorias: *Yajna-Vidyā* ou 'conhecimento dos poderes ocultos despertados na Natureza pela realização de certas cerimônias e ritos religiosos'; *Mahā-Vidyā*, magia praticada principalmente por adeptos tântricos; *Guhya-Vidyā* ou 'conhecimento dos poderes místicos nos Mantras' (fórmulas mágicas cantadas ou encantações), e finalmente *Ātmā-Vidyā* ou 'Conhecimento da Alma'. É somente esta última, de acordo com Mme. Blavatsky, que é 'a Verdadeira Sabedoria' a qual chamamos Teosofia (CW IX 252; SD I 168, 169 / I 192, 222 – DS I 211).

Esta Sabedoria não é adquirida por meio de poderes ocultos, pois estes são sua conseqüência, nunca sua causa, porque 'o desejo do aspirante ao conhecimento espiritual é o ingresso em um nível elevado de existência. Ele deve se tornar um novo homem, mais perfeito em todos os sentidos do que é no presente, e, se ele conseguir, suas capacidades e faculdades receberão um aumento conseqüente em força e poder... É assim que o Adepto torna-se possuidor de poderes maravilhosos que têm sido tão freqüentemente descritos'. Essas faculdades prodigiosas são 'apenas o acompanhamento natural da existência num plano de evolução mais elevado' (CW VI, 332, 333).

É, portanto, seguindo o caminho do altruísmo e da prática de virtudes que se atinge esta Sabedoria. O florescimento assim estimulado no homem faz dele, final e plenamente, um ser espiritual agraciado com faculdades que o colocam bem acima do homem que é somente virtuoso.

As outras ciências secretas, pelo contrário, podem ser dominadas sem qualquer consideração moral ou esforço. Mas, para citar as palavras de Mme. Blavatsky, elas são apenas Artes Ocultas 'baseadas no conhecimento da essência fundamental de todas as coisas nos Reinos da Natureza – tais como os minerais, os vegetais e os animais – portanto, de coisas pertencentes ao reino da natureza *material*, por mais invisível que a essência possa ser, não obstante tenha, até agora, iludido o alcance da Ciência.' (CW IX-252). Como exemplo dessas Artes Ocultas, Mme. Blavatsky menciona Alquimia, Astrologia, Fisiologia Oculta e Quiromancia. Acrescenta que *Ātmā-Vidyā* inclui todas elas e que seus adeptos podem até fazer uso delas ocasionalmente, mas 'tomando cuidado de afastar deles qualquer componente de motivo egoísta' (CW IX 251-253).

De acordo com a Teosofia, o homem comum, não importa quanto conhecimento científico ele possa ter acumulado, vive num estado de semiletargia, profundamente ignorante de suas próprias potencialidades e de sua realidade interior. O verdadeiro objetivo da Teosofia é ajudá-lo a sair deste estado – simbolizado, ao que parece, pelo *nigredo* dos alquimistas medievais – para a vida luminosa do Espírito. A Teosofia procura libertar o homem, aprisionado nas tramas da matéria, dando-lhe o conhecimento e o estímulo que possam mobilizar forças invisíveis dentro dele.

Esta modificação é efetuada por um movimento duplo, correspondendo às duas forças universais, a energia centrípeta e a energia centrífuga. O homem que, desafiando suas limitações, procura descobrir sua dimensão divina, deve, com efeito, tornar-se um foco intenso de conhecimento, retirando do interior de sua consciência o que parece – mas somente parece – jazer fora dele. Ao mesmo tempo ele deve, num ato de amor e comunhão com este aparente não-eu, extrair-se de si mesmo, ou melhor, de sua personalidade, a qual é apenas um fragmento do seu *Self*[1] total.

Esta apoteose de amor e sabedoria, que leva o homem à descoberta de sua realidade interna, transmuta a

---

1 *Self* termo usado como tradução de *Ātmā* do sânscrito, sem equivalente em português. (N.E.)

natureza humana em natureza divina. A metamorfose é conseguida por uma absorção do indivíduo no Universo total. Isto é a *'Magnum Opus'* dos alquimistas e era, com efeito, o significado místico de sua Pedra Filosofal e do Pó de Projeção (GT: art. Pedra Filosofal).

Esta transformação do ser humano corresponde ao que Jung denominou 'individuação' e Theilhard de Chardin 'personificação'. Constitui o Terceiro Objetivo da Sociedade Teosófica como entendido por Mme. Blavatsky, pois, ao definir este objetivo como 'o estudo e desenvolvimento dos poderes *divinos* latentes no homem', ela, de fato, tomou cuidado em sublinhar a palavra *divino* (GT: art. A Sociedade Teosófica).

Teosofia é, portanto, a mais elevada das Ciências. Prega um humanismo tão vasto como o cosmo. Declarando ser o homem de essência divina, outorga-lhe qualidades divinas. Assim fazendo, afirma a possibilidade de autotranscendência para o homem e sua reabsorção última no divino, donde ele foi separado no começo. Embora a Teosofia seja o fundamento de todas as religiões, não é em si uma religião, a menos que seja vista como a religião da Humanidade no sentido indicado por Mme. Blavatsky, quando diz: 'O único Deus a quem devemos servir é a Humanidade, e nosso único culto deve ser o amor aos nossos semelhantes' (CW VIII 88).

A COSMOGONIA OCULTA

O paralelismo do homem com o cosmo torna essencial que os dois sejam estudados conjuntamente. É por isso que *A Doutrina Secreta* revela tanto a estrutura do Universo como a constituição oculta do ser humano.

De acordo com a cosmogonia oculta, o Universo, em correspondência com uma lei inerente a ele, passa por períodos alternados de atividade e repouso, ciclos chamados pelos hindus *manvantaras* (literalmente, em sânscrito, 'entre Manus') e *pralayas* (dissolução).

Nos livros sagrados da Índia, o imanifestado, a raiz do manifestado, no qual o último é 'dissolvido' ao final de um *manvantara*, é chamado *Parabrahman* (além de *Brahman*). Os cabalistas dão-lhe o nome de *Ain-Soph* (O Ilimitado).

Este Absoluto, a Fonte incognoscível, eterna e infinita dos universos periódicos, é a Duração e o Espaço metafísicos. O tempo e o espaço limitados no qual vivemos são apenas suas manifestações passageiras, trazidas à existência, no estágio do 'Terceiro Logos', pela diferenciação da substância primordial (CW X 359). É somente então que aparecem na matéria formas capazes de servir como veículos para as primeiras entidades do cosmo. Estas, por sua atividade consciente, dão nascimento ao Tempo e ao Espaço. Como declarava Kant, o Espaço e o Tempo não são mais que o primeiro, um 'sentido exterior' pelo qual parecemos ver os objetos como se estivessem fora de nós, e o último, um 'sentido interior' pelo qual somos conscientes de nossos estados interiores sucessivos.

Em *A Doutrina Secreta*, o Absoluto é chamado o Espaço, porque o Espaço é '*a única coisa eterna* que mais facilmente podemos imaginar, imóvel na sua abstração e não influenciado pela presença ou ausência nele de um Universo objetivo' (SD I 35/I 67/I 109 – DS I 100). Este Espaço pode ser visto como um Vazio, porque, de fato, nada contém de objetivo. Mas é também uma Plenitude, sendo 'o Receptáculo absoluto de tudo que é manifestado ou imanifestado' (SD I 8/I 37/I 75 – DS I 77).

O primeiro aspecto, envolto uma vez mais na aurora de um *manvantara*, com esta pura subjetividade, é a 'Mãe', a *Mūlaprakriti* (Matéria-Raiz) dos vedantinos. 'À primeira vibração de diferenciação, o Subjetivo começa a emanar, ou cair, como uma sombra no Objetivo e se torna o que chamamos a Deusa-Mãe' (CW X 302). Seria necessário um tratado inteiro, de acordo com Mme. Blavatsky, para expressar a diferença entre este estágio 'pré-cósmico' inicial e o *pralaya* que o precede, tão aproximadamente idênticos eles são. (SD I 21/ I 49/ I 86 – DS I 87).

Mūlaprakriti não é matéria, mas 'substância' que dá origem à matéria. Esta última, designada muitas vezes por Mme. Blavatsky pelo seu termo sânscrito *prakriti*, forma o 'agregado de objetos de possível percepção' (SD I 329/ I 350/ II 42 – DS II 35). A 'Matéria-Raiz' é, portanto, a origem dos planos objetivos da Natureza. É a 'Matéria primordial imanifestada – chamada pelos alquimistas ocidentais a Terra de Adão' e *Hakomah (Chokmah)* ou Sabedoria pelos cabalistas. É a 'Sabedoria Suprema (ou Imanifestada)', formando com *Ain-Soph* e os dez *Sephiroth*, quatro tríades correspondendo aos doze signos do Zodíaco assim como aos doze 'grandes deuses' dos antigos caldeus. (SD I nota 10/ I 39, nota 30/ I 76, nota 2 – DS I 78; H. P. Blavatsky, *A*

Modern Panarion, 406). Ainda como Matéria ideal abstrata (SD I 136/ I 161/ I 193 – DS I 183) é pura abstração em relação ao Universo, embora objetiva quando considerada em relação com *Parabrahman*.

Mūlaprakriti é tão eterna, infinita e imutável como o Absoluto, do qual é apenas um aspecto. É por causa da pobreza das línguas européias que, ao contrário do sânscrito, são pouco adequadas para expressar os subtítulos da metafísica oculta, que Mme. Blavatsky fala de sua diferenciação. Não se deve supor, diz ela, que *Mūlaprakriti* possa sofrer uma modificação. 'O que se quer dizer com a diferenciação de *Mūlaprakriti* é que a essência primordial de todas as formas de existência (*Asat*) é irradiada dela.' Esta essência torna-se o centro de energia do qual, por processo gradual de diferenciação ou emanação, o Universo objetivo vem à existência. Quanto à *Mūlaprakriti*, ela 'nunca se diferencia, mas apenas emana ou irradia seu primogênito, *Mahat-Tattva*, a *Sephira* dos cabalistas' (CW VI 142, 143).

O PAI OCULTO

O segundo aspecto do Absoluto é o Primeiro Logos ou o Logos Imanifestado. É um centro de força latente durante o *pralaya* e também durante parte do primeiro estágio da manifestação cósmica. É o Deus Filho e o Deus Pai ao mesmo tempo, 'um, a Potencialidade, o outro, a Potência', mas não deve ser confundido com o Logos Manifestado (ou o Terceiro), que é 'também chamado o "Filho" em todas as cosmogonias' (CW X 302, 303). A princípio dormindo no seio de *Mūlaprakriti* é então seu Filho. Assim que desperta, torna-se seu Esposo e o 'Pai-Oculto', jorrando a energia universal chamada *Shekinah* na Cabala e *Daivīprakriti* no *Bhagavad-Gītā* (SD I 53 nota/ I 83 6ª nota/ I 124 nota 4 – DS I 114 nota 4; *Bhagavad-Gītā*, nono discurso, v. 13).

Além disso, o Primeiro Logos serve apenas como um centro transmissor desta força, a 'Luz do Logos', cuja fonte é *Parabrahman*. O último, 'tendo aparecido por um lado como o Ego e por outro como *Mūlaprakriti*, atua como a energia una através do *Logos*' (PBG 15). É a mais elevada trindade que se pode conceber, constituída pela 'Matéria, Força e o Ego', a Força sendo o Logos[1], e o Ego, a energia do Logos, sua 'Luz'. Esta última é a 'raiz una do *Self*[2], do qual toda outra espécie de '*self*' é apenas uma manifestação ou reflexão', porque é a Luz do Logos que constitui o *jīva* real ou o ego do homem (SD I 430/ I 463/ II 148 – DS II 137; PBG 16, 27).

Enquanto que *Parabrahman* é a Causa Eterna (IU II 266), o Primeiro Logos é a Primeira Causa, o 'Grande Logos *Invisível* que origina todos os outros Logoi' e o que, antes da manifestação cósmica, 'dorme no seio de AQUILO que "nunca dorme", nem nunca está desperto', porque não pode ser dito de *Parabrahman*, que não é um Ser, 'mas *Sat* ou *Be-ness* (A Seidade)', que esteja dormindo ou desperto (SD II 310/ II 324/ III 311 – DS III 328).

---

1 Isto é, o Primeiro Logos, que não é nem um Ser, nem um agregado de Seres, mas somente um centro distribuidor da energia universal.

2 O *Higher Self*, sem tradução apropriada em Português. O Eu Supremo, o Eu mais elevado. (N.E.)

Tendo se originado do Logos, *Daivīprakriti* é chamada sua 'Filha'. Ela é vista como a Mãe do Logos quando este se torna o sétimo princípio humano, chamado *Ātmā* pelos hindus e *Christos* pelos gnósticos (SD II 231 1ª nota/ II 241 1ª nota/ III 234 nota 1 – DS III 249), pois, 'quando *Christos* se manifesta no homem como seu Salvador, vem do seu âmago, uma vez que é desta luz divina que ele nasceu. Assim, é somente quando o *Logos* se manifesta no homem que ele se torna a criança desta luz do *Logos*...' Mas, estritamente falando, *Daivīprakiti*, 'em vez de ser a mãe do *Logos*... deveria ser chamada a Filha do *Logos*' (PBG 17).

Os hindus denominam esta energia universal *Shakti*. Mme. Blavatsky parece algumas vezes identificá-la com *Mūlaprakriti* ou sua emanação, *Ākāsha*. Assim ela escreve: '*Mūlaprakriti* (o véu de *Parabrahman*) atua como uma energia através do Logos....' (SD I 130 2ª nota/ I 155/ I 188 - DS I 178). Mas isto é apenas uma maneira abreviada de expressão. A força cósmica deve entrar necessariamente em conjunção com a substância para produzir qualquer fenômeno. Entretanto, embora indispensável como um *substratum* para a transmissão das correntes de força, *Ākāsha* não é *Shakti* (EW 298 nota 2 por Mme. Blavatsky). Da mesma maneira, *Mūlaprakriti* é dita ser 'incapaz de produzir qualquer efeito, a menos que energizada pela luz do Logos' (PBG 74).

O Primeiro Logos é 'o Número, porque é o Um', o Ser nascido do Não-Ser, do 'Não-Número' ou o Absoluto (*Parabrahman*) (SD I 87, 98/ I 115, 125/ I 152, 161 – DS I 142, 150), o Deus hindu *Nārāyana* ou *Svāyambhuva*, o Existente por Si mesmo que penetra no Ovo do Mundo e 'emerge dele no fim da incubação divina como *Brahmā*' (SD I 82, II 128/ I 109, II 136/ I 146, III 137 – DS I 136, III 144). É também a *Mônada* Pitagórica 'que vive na "solidão e na escuridão" ', o ponto branco potencial (CW X 351; IU I 212), o 'germe primordial,' o grande TODO não revelado, existente por si mesmo (IU II 170), assim como o ANCIÃO, o *Senior Sanctissimus* 'circundado pelas três cabeças' da Cabala (IU II 212, 222), o 'Deus-mistério, ou a Divindade nunca revelada' dos gnósticos, que 'fecunda, através de Sua Vontade, *Bythos*...' (IU II 171). Quando 'desperta de seu sono e deseja se manifestar, divide-se em macho e fêmea' (IU II 170).

O PAI-MÃE

Shephira ou *Kether*, o primeiro dos dez *Sephiroth*, é o ponto primordial da Cabala (IU II 272). Ela representa a manifestação inicial da força universal. Esta última, embora una quando não manifestada, é 'sempre dual na diferenciação' (CW X 386). A *Sephira* andrógina (SD I 354/ I 379/ II 69 – DS II 61) é chamada *Svabhāvat* pelos budistas do norte. É idêntica à deusa egípcia *Neith*, a 'Mãe Imaculada' do Sol (SD I 399/ I 429/ II 115 – DS II 106), com o *Tohu-Vah-Bohu* da Bíblia, e com *Bythos*, o 'abismo infinito e insondável' dos gnósticos 'que representa a idéia abstrata de toda a Natureza, o Cosmo sempre produtivo' (IU II 171; GT. art. *Bythos*). Ela é, ainda, a 'Mãe Virgem' e o 'Abismo Primordial', o *Chaos* e o 'Pai-Mãe' de *A Doutrina Secreta*. Este Pai-Mãe é potencial. É somente no estágio seguinte da manifestação cósmica, aquela do Terceiro Logos, que as potências criadoras adormecidas no seu seio despertarão e se tornarão ativas, isto é, tornar-se-ão os criadores do Universo objetivo (SD I 16/ I 44/ I 81 – DS I 81 – SD II 519/ II 546/ IV 88 – DS IV 87; CW X 358, 397).

Além disso, *Sephira*, a emanação periódica e 'fenomenalmente finita' de *Mūlaprakriti* (SD I 18/ I 46/ I 83 – DS I 85; CW VIII 144), é a ' "Mãe" semimanifestada' (CW X 332), o Segundo Logos definido por Mme. Blavatsky como o Pai-Mãe, o Espírito-Matéria e Vida (SD I 16/ I 44/ I 81 – DS 83; SD III 477/ V 455 – DS VI 118; CW V 358). Ela constitui o 'Triângulo primordial' produzido pelo Primeiro Logos. É o 'triângulo ideal e abstrato que é o Ponto no Ovo do Mundo' (CW X 351). Este Ponto, 'chamado no *Zohar*, *Kether* ou *Sephira*', emerge do Ovo, após a gestação, para formar o primeiro Triângulo concreto, em outras palavras, o Terceiro Logos (CW X 351, 352).

É por isso que Annie Besant, numa nota assinada 'A. B.', aprovada por Mme. Blavatsky (SD III 531 2ª nota/ V 506 nota 2 – DS VI 168 nota 2) e incluída em *A Doutrina Secreta*, afirma que o Segundo Logos é o Triângulo Primordial, 'que se reflete como um Triângulo no Terceiro Logos' (SD III 532/ V 507 – DS VI 168). Este segundo Triângulo é 'o Triângulo Visível, por assim dizer', aparecendo e desaparecendo como o *Kosmos*, 'o Triângulo Pitagórico emanado da Mônada sempre oculta, ou o Ponto Central' (SD III 180/ V 188 – DS V 179), o 'Deus dos *três* Aspectos' antes de se transformar no *Brahmā* de 'quatro faces' (SD I 344/ I 368/ II 58 – DS II 51); este é, o *Adam Kadmon*, o Terceiro Logos, antes de se manifestar como *Mahat*, a Mente Universal (SD I 110, 51, 216/ I 135, 82, 236/ I 170, 122, 263 – DS I 60, 113, 253), que não é a mente de um único ser, mas a coletividade de muitas mentes (SD I 579 2ª nota/ I 634 1ª nota/ II 303 nota 3 – DS II 291). O germe na 'Essência Divina Desconhecida' deste Deus de três Aspectos, é uma 'tríplice hipóstase'[1], uma 'Tríade pré-genética ou pré-cósmica', que é uma 'pura abstração metafísica' (SD III 180/ V 188 – DS V 179). Este germe é o Incognoscível, o Imanifestado *Um em Três* (SD III 445/ V 426 – DS VI 94), constituído pelo Logos assexuado (não criativo ou ainda não ativo), a Sabedoria Potencial e a Ideação Universal. Esses três, 'existindo em possibilidade, não em ação, são de fato um ' (SD III 444, 445 diagrama I / V 426 diagrama I – DS VI 94 diagrama I). Começam a se manifestar no estágio do Segundo Logos,

1 Hipóstase (teol.): qualquer uma das pessoas da Trindade. (N.E.).

isto é, de *Sephira*, que é na realidade um ternário, pois ela contém, em potencialidade, não só os nove outros *Sephiroth*, mas, *esotericamente* somente dois, *Chokmah* e *Binah*. É por isto que Mme. Blavatsky se refere a ela como a 'tríplice *Sephira*' (SD I 335/ I 379/ II 70 – DS II 62; SD III 183 1ª nota / V 191 nota 1 – DS V 181 nota 39).

A última corresponde a *aleph*, a primeira letra do alfabeto hebraico e uma de suas letras raízes. Sendo morfologicamente tripla, *aleph*, como *Sephira*, é um ternário. Pois esta letra representa os três elementos primordiais da Cabala: o Ar, a Água e o Fogo (SD I 346/ I 369/ II 60 – DS II 53), apesar de que ao mesmo tempo constituem 'em resumo o signo de ar' (Enel, *Trilogia de la Rota ou Roue Céleste*, 199).

É do Logos Imanifestado, o 'Um em Três' ou Primeiro Logos que flui, através do Logos Manifestado, 'as ondas puras da Essência divina' que chamamos Vida (SD III 445/ V 426 – DS VI 89). Logo que o Triângulo primordial se reflete no Homem Celeste (*Purusha*), ele 'desaparece, voltando ao "Silêncio e às Trevas" ', pois é 'a sublime, mas *incognoscível* Divindade, que permeia invisivelmente o Universo inteiro' (SD III 444, V 426 – DS VI 88; IU I 291).

A vida vem, na verdade, de *Parabrahman*, mas o primeiro centro distribuidor desta energia cósmica é o Primeiro Logos, o 'Sol Central' dos cabalistas, o 'Ponto, o Germe, sempre oculto' (SD I 344/ I 367/ II 58 – DS II 46). Este – 'o Oculto, o SOL Central Espiritual' – é a 'Divindade mais elevada' (IU I 132; SD I 340/ I 363/ II 53 – DS II 46). É o 'Sol Eterno *Abrasax*' dos gnósticos (SD II 214/ II 224/ III 218 – DS III 232), que é também chamado *Iao*, o 'Nome Inefável da Divindade Desconhecida', e que é considerada como uma 'Unidade contida dentro do Abismo, *Bythos*' (IU II 295). Ainda, é o Deus Supremo de Platão, a 'Causa *Ideal* e Abstrata' do Universo, 'a substância *última da qual todas as coisas derivam seu ser e essência* (SD II 554/ II 585/ IV 124 – DS IV 125).

Este Sol Central é o primeiro dos Sete Sóis da Cabala, dos quais o quarto é o 'Espírito do nosso Sol visível'. Junto com o segundo desses Sóis, ele 'irradia no homem seu *Ātmā*', isto é, seu sétimo princípio (SD II 241, I 224/ II 251, I 245/ III 243, I 271 – DS III 259, I 260; SD III 445/ V 426 – DS VI 89). É 'a Luz – e o Doador de Luz dos Reinos Espiritual e Psíquico', enquanto que o Sol visível é apenas o 'Grande Doador da Vida do Mundo Físico' (SD I 481/ I 521/ II 203 – DS II 191). O Sol Central não é, entretanto, um Ser ou um agregado de Seres. É 'simplesmente o centro da Eletricidade Vital Universal, o reservatório dentro do qual aquela Divina Radiação... é focada. Embora ainda numa condição *Laya* ou neutra, é, apesar disso, o único Centro de Vida atraente, como também o sempre emitente.' (SD II 240 nota/ II 250 nota/ III 242 nota 3 – DS III 258 nota 37).

Sephira é a Essência 'plástica, invisível, eterna, onipresente e inconsciente', Movimento que é 'eterno porque o espírito é eterno', energia universal e indestrutível dita ser latente quando não movendo a matéria, porque 'nenhuma modalidade de movimento pode ser concebida a menos que esteja em conexão com a matéria' (ML 60, 136, 139). *Sephira* não deve ser considerada como um elemento composto, com espírito e matéria como seus constituintes, mas como um elemento simples para o qual nosso idioma não tem termo apropriado (ML 60). Ela é Vida ou Força que 'não é transformada em alguma coisa a mais', mas que, com cada nascimento de um novo centro de atividade de *dentro* dela, multiplica-se *ad infinitum* sem perder uma partícula sequer de sua natureza em quantidade ou qualidade', porque ela é 'a *vida infinita* e a fonte de toda vida visível ou invisível, uma essência inexaurível, sempre presente, numa palavra *Svabhāvat (Svabhāvat* em sua réplica universal,

Fohat quando se manifestando no nosso mundo fenomênico...)' (ML 88, 89).

Shekinah (ou *Daivīprakriti*) é o estado latente de *Sephira* na sua 'forma primordial, *in abscondito*' (SD I 53 nota/ I 83 6ª nota/ I 124 nota 4 – DS 114 nota 4). Conseqüentemente, *Sephira* é uma 'terceira Potência', a ordem de sucessão sendo 'primeiro *Ain-Soph*, depois *Shekinah*..., depois *Sephira*' (SD III 183, 184/ V 191, 192 – DS V 181). É, também, o terceiro lugar que ela ocupa no Zodíaco, que representa as diferentes fases da manifestação cósmica. Subba Row, na verdade, atribui-lhe o signo de ar em Gêmeos (EW 8).

Esta 'Essência mística', 'matéria primordial pura', é a 'Substância indiferenciada ou o aspecto periódico de *Mulaprakriti*' (SD I 98, 62/ I 125, 92/ I 161, 131 – DS 149, 122; CW X 397). É 'a matéria plástica universal espalhada no espaço', 'uma radiação fria, sem cor, sem forma, sem sabor e desprovida de qualquer qualidade ou aspecto' (SD I 82, 98/ I 110, 125/ I 147, 161 – DS I 137, 149; IU I 341).

Sephira é o estágio no qual aparece a primeira substância concreta, 'o luminoso *fire-mist* [névoa de fogo] ou estofo etéreo, do qual o Universo foi formado', e assim constitui o *Hiranyagarbha* ou Ovo Dourado do qual, de acordo com os hindus, o mundo se originou (GT art. *Hiranyagarbha*). Esta transição do abstrato para o concreto é descrita nas *Estâncias de Dzyan*, que formam a base de *A Doutrina Secreta,* como uma expansão de dentro para fora: 'a Mãe se intumesce, expandindo-se de dentro para fora, como o botão de lótus'. Isto não poderia implicar um aumento de tamanho, que é inconcebível no infinito. É na realidade uma modificação de condição ou estado, 'o desenvolvimento da subjetividade infinita numa objetividade infinita' (SD I 62/ I 92/ I 131 – DS I 122).

É dentro dessa 'essência primitiva' que ocorre a 'emergência das Mônadas de seu estado de absorção de dentro do Um' (SD I 21/ I 49/ I 86 – DS I 88) ' no tempo da radiação primordial ou quando o Segundo Logos emana' (CW X 358). Quando despertam, essas Mônadas tornam-se coletivamente *Adam Kadmon*, porque '*Sephira* e *Adam* são uma e a mesma luz, apenas latente e ativa, invisível e visível' (IU II 268).

O HOMEM CELESTIAL

O Homem Celestial, *Adam Kadmon*, o Ancião dos Dias da Cabala, é o 'Dragão da Sabedoria' das *Estâncias de Dzyan*, emergindo 'das Profundezas das Grandes Águas Negras'. É também *Avalokiteshvara*, o Logos dos budistas do 'Grande Veículo' (*Mahāyāna*). Denominado *Kwan-Shai-Yin* na China, é o 'Filho Idêntico a seu Pai', como é a segunda pessoa da trindade cristã, pois é Adonai, o primeiro Adão mencionado no primeiro capítulo do *Gênesis* (IU II 223). Seu Pai, a primeira pessoa desta trindade, é o Primeiro Logos, o Deus-Mistério dos gnósticos, 'sempre oculto', a 'Grande Face' ou *Macroprosopus (Arikh-Anpin)* da Cabala. Quanto ao Homem Celestial, ele é o *Microprosopus (Zauir-Anpin)*, 'a face menor, que *é exterior*', 'a imagem do Pai', o *Christum* (IU II 223, 234, 247), o 'Ungido' pelo Grande Sopro (SD II 23/ II 26/ II 36 – DS III 40), filho 'do Pai *oculto* que mora na luz e na glória' e que 'reúne em si todos os

Sephiroth' (IU II 230, 234 1ª nota; GT art. *Macroprosopus*). Entretanto, *Adam Kadmon* é algumas vezes chamado o *Macroprosopus (Arikh-Anpin)*, a 'Pequena Face' (*Microprosopus ou Zauir-Anpin*), sendo então o 'Filho', isto é, o Universo objetivo, também chamado *Tetragrammaton*, e correspondendo aos sete *Sephiroth* menores e aos quatro planos inferiores do cosmo (GT art. *Tetragrammaton*; CW VIII 140-159).

O Homem Celestial, representado tanto como *Sephira*, como pelo signo de Gêmeos no Zodíaco (EW 8, 18), e chamado *Purusha* e *Brahmā* pelos hindus, é o sétimo princípio cósmico. É andrógino, porque nele jaz '*Eva*, ou a Eva espiritual ainda não nascida, e ela está dentro do Adão *Primus*, porque é uma parte dele próprio' (IU II 223). É idêntico a *Ennoia*, o Homem Primitivo dos gnósticos, e à Luz ou à Mente, nascendo da Mônada pitagórica, em outras palavras, do Primeiro Logos (IU II 169).

Adam Kadmon, como o *Brahmā* dos *Purānas* hindu, reúne em si 'a totalidade dos seres', trazidos à manifestação no Universo gerado (SD III 179/ V 188 – DS V 179). Estes seres são os *Elohim Chiim* (os *Elohim* da Vida), o 'Pai-Mãe mais elevado' da Cabala, do qual o 'Pai-Mãe', formado por *Chokmah* e *Binah*, é apenas um reflexo. Estes *Elohim* da Vida, os *Ah-hi* das *Estâncias de Dzyan*, são 'os sete raios primordiais ou *Logoi*, emanados do Primeiro Logos' (CW X 317), sendo *Brahmā* sua síntese (CW X 346). São os 'Construtores, os Filhos luminosos da aurora *manvantárica*', os 'sete raios primordiais dos quais emanarão por sua vez todas as outras vidas luminosas e não luminosas, quer Arcanjos, Demônios, homens ou macacos. Alguns foram e outros somente agora se tornarão seres humanos'. São, portanto, seres em cada nível nesses sete raios, dos mais elevados *Dhyān Chohans* às mais humildes entidades, mas é impossível dizer em qual desses raios estão 'porque não estão ainda diferenciados e individualizados' (CW X 347, 348).

Neste estágio inicial de manifestação cósmica, os *Ah-hi* são 'Forças e não seres humanos' e são conscientes apenas 'enquanto agem dentro da consciência universal'. Devem 'passar por todos os planos, começando a se manifestar no terceiro'. No plano mais elevado são sem forma. 'No segundo plano, aproximam-se de *Rūpa* ou forma. No terceiro, tornam-se *Mānasaputras*... Em cada plano que alcançam, são chamados por nomes diferentes'. Por causa da 'diferenciação contínua da sua substância homogênea original', finalmente se tornam dotados de corpo e são, então, chamados *rūpa* (com forma). Agora (isto é, no estágio de evolução que alcançamos) 'não existem mais; tornaram-se há muito tempo Egos Planetários, Solares, Lunares e, por último, Egos encarnados' (CW X 322, 321). É somente quando, no terceiro plano cósmico, se tornam *Mānasaputras* (Filhos da Mente) que podem ser chamados *'Pensadores'*, porque é somente então que suas consciências se tornam individuais (CW X 322).

No simbolismo das *Estâncias de Dzyan*, a matéria homogênea (a 'névoa de fogo') do primeiro plano é chamada o Ovo do Mundo. Contém o 'Germe' no qual vibra o raio que brotou do Primeiro Logos. Assim fertilizado, e depois da gestação no Ovo, o 'Germe' emerge, tornando-se então a coletividade das potências criadoras do Universo. Este 'Gèrme' está em todo lugar. É, na realidade, 'todos os germes, isto quer dizer, a natureza imanifestada, ou o poder criador total que emanará, chamado *Brahmā* pelos hindus' (CW X 353); em outras palavras, o Homem Celestial, que Mme. Blavatsky também chama o 'Espírito de Deus' e o 'Terceiro Logos', e que mais tarde se manifesta nos segundo e terceiro planos cósmicos.

Esses germes são os Átomos dos 'antigos Iniciados, seguidos mais ou menos de perto por toda a antigüidade profana', isto é, 'as Unidades divinas primordiais', 'absolutamente indestrutíveis, sendo a quintessência das Substâncias' (SD I 569/ I 621/ II 292 – DS II 280; CW X 353). Sua energia é despertada pela ação catalítica[1] do raio emitido pelo Primeiro Logos, a 'Chama Invisível que nunca queima e contudo acende tudo que toca e lhe dá vida e geração'.

Uroboros, a serpente que morde a própria cauda (parte do emblema da Sociedade Teosófica), representa o andrógino divino no qual primeiramente ocorre, no curso de um *manvantara*, o despertar da vida consciente. É a Grande *Nag* (ou, mais precisamente, *Nāga*), a Grande Serpente que 'atrai a cauda para sua boca naquela busca incessante do negativo pelo positivo' e morde 'com sua cabeça *ativa* a cauda *passiva*, de cujas ema-

---

1 Catalítica – relativo a catálise: modificação (em geral aumento) de velocidade de uma reação (química) pela presença e atuação de uma 'substância' que não se altera no processo. (N.E.)

nações nasceram mundos, seres e coisas' (ML 71, 73). Quando a serpente desperta, 'lança um pesado sopro e este é mandado como um choque elétrico ao longo de todo o corpo (ML 73).

A cauda de *Uroboros* é a substância homogênea primordial (*chaos*), chamada no *Gênesis* a 'face das águas', que dá nascimento ao 'Espírito de Deus' (o Homem Celestial ou o Terceiro Logos) e é então impregnada pela energia do último (Filho e Esposo da substância [feminina]) (IU I 133). Mme. Blavatsky também fala da substância primordial como as 'Águas Ígneas do Espaço', *Aether*, 'no seu aspecto mais elevado, *Ākāsha*, o Pai-Mãe dos Sete Primordiais, e do Som ou o Logos' (SD II 400 4ª nota/ II 418 4ª nota/ III 309 nota 4 – DS III 418 nota 158).

O Espírito de Deus é o deus egípcio *Kneph*, que era representado por uma serpente 'enroscando-se numa urna de água, com a cabeça pairando sobre as águas, que ela incuba com seu sopro' (IU I 133). Como ela é o Logos Manifestado, pode agir e conseqüentemente se mover, algo que, pelo contrário, não pode ser feito pela divindade desconhecida que, para nós, é trevas, pois não podemos sequer imaginá-la. É por isto que se diz no

Gênesis que 'as Trevas *estavam* sobre a face do abismo', enquanto que 'o que se movia sobre a face das águas era o "Espírito de Deus" '. O último, além disso, é o deus hindu *Nārāyana* (literalmente, o-que-se-move-sobre-as-águas): 'Então, na primeira radiação da aurora, o "Espírito de Deus" ' (depois que os Primeiro e Segundo *Logoi* foram irradiados), o Terceiro Logos, ou *Nārāyan*, começou a se mover sobre a face das Grandes Águas do "Abismo" ' (CW X 379).

OS SETE ELEMENTOS

Tudo na Natureza é derivado da matéria primordial modificada pela 'incubação' do Espírito de Deus. É o elemento uno do qual nascem os outros seis elementos cósmicos que são apenas 'modificações e aspectos do Uno e único Elemento' (SD I 13/ I 41/ I 78 – DS I 80). 'Esta substância primordial é dita conter dentro de si a essência de tudo que vai constituir o homem; tem não somente todos os elementos do seu ser físico mas até o próprio 'sopro da vida' num estado latente, pronto para ser despertado. Isto deriva da "incubação" do Espírito de Deus sobre a face das águas – o *chaos;* de fato, esta substância é o próprio *chaos*. Foi desta que Paracelsus alegava ser capaz de fazer seu "*homunculi*", e é por isso que Thales, o grande filósofo natural[1], sustentava

---

1 A Física, antigamente, era chamada Filosofia Natural. (N.E.)

que a *água* era o princípio de todas as coisas na Natureza' (IU I 133, 134).

Este elemento uno é o *alkahest* dos alquimistas, o solvente universal, o ouro puro que eles também chamavam o *menstruum universale*, do qual derivam todas as coisas, para o qual todas retornarão e que 'possui o poder de retirar todas as sementes de doença do corpo humano, de renovar a juventude e prolongar a vida' (GT art. *Alkahest*, Alquimia; IU I 133). É o 'tudo em todos', derivado 'dos sete raios que depois se tornam os sete Princípios na Natureza', os últimos sendo os Elementos ou as essências originais, as diferenciações básicas sobre e de que todas as coisas são construídas... os sete aspectos fundamentais da Realidade Universal Una no *Kosmos* e no homem (GT art. Princípios).

Os sete elementos cósmicos são, em ordem de materialidade crescente (ML 90), *Ākāsha* (algumas vezes chamados *Aether*), Água (a Alma do Mundo ou, mais precisamente, sua parte mais elevada), Ether (freqüentemente escrito *Aether*), Fogo, Ar, Água (a parte mais inferior da Alma do Mundo) e Terra. Os três primeiros correspondem aos três planos superiores *arūpa* (sem forma) do cosmo, os quatro últimos, algumas vezes chamados os quatro pontos cardeais, (SD I 346, 463/I 369, 501/ II 60, 184 – DS II 53, 172) aos quatro planos inferiores *rūpa*.

Cada um desses elementos é setenário, pois existe não só no plano cósmico, que particularmente lhe corresponde, mas também nos outros seis. Por exemplo, o quarto elemento, o Fogo, 'é um composto setenário do qual a fração mais elevada é espírito puro. Como o vemos no nosso globo está na sua condição mais grosseira, mais material...' (ML 90). Os princípios cósmicos estão, portanto, em todo o lugar (SD III 555/V 528 – DS VI 188). Isto explica a assertiva de que o quinto elemento, o *Ether*, 'será visível no Ar no fim de nossa Quarta Ronda, para reinar soberano sobre os outros durante toda a Quinta' (SD I 12/I 40/I 78 – DS I 80) e que, 'começando com a quinta raça-raiz, ele só se desenvolverá plenamente no começo da quinta ronda' (CW X 384). Apesar de ser o *Ether* o elemento correspondente ao terceiro plano do cosmo, manifestar-se-á no nosso mundo físico, numa época muito distante, precisamente como agora o elemento do quarto plano aparece na terra na forma de fogo. Então o fogo não mais será o primeiro elemento no nosso mundo, porque, na verdade, é o primeiro elemento 'somente no Universo visível' (CW X 376). Além disso, o próprio *Ether* será destronado durante as duas últimas Rondas de nossa Cadeia terrestre. Os dois primeiros Elementos, que estão no momento 'absolutamente fora do alcance da percepção humana', 'aparecerão, todavia, como pressentimentos durante a Sexta e a Sétima Raças' da presente Ronda 'e serão inteiramente conhecidos na Sexta e Sétima Rondas respectivamente' (SD I 12/I 40, 41/I 78 – DS I 80).

Os sete Elementos sétuplos são os *Kabiri*, os sete Grandes Deuses Cósmicos, dos quais o sétimo e o mais elevado, o chefe dos seis outros, é o Logos (*Adam Kadmon*, o deus *Phtah* dos egípcios, assim como *Ormazd*, o chefe dos seis *Amshaspends*[1]) (SD II 365 nota/II 382 2ª nota/III 365 nota 1 – DS III 384 nota 39). Suas subdivisões são os Quarenta e Nove Fogos Sagrados que 'são todos estados de *Kundalini*' (SD II 362/II 378/III 361 – DS III 380; SD III 544/V 517 – DS III 380/VI 280). O chefe dos *Kabiri* (o Logos) é idêntico ao *Abhimanim* (ou *Agni*) hindu, 'o primogênito de *Brahmā*', 'o primeiro elemento ou a primeira Força produzida no Universo'. *Abhimanim* teve antes de tudo três Filhos: *Pāvaka* (o Fogo Elétrico), *Pavamāna* (o Fogo por Fricção) e *Shuchi* (o Fogo Solar) (SD I 521, II 247/I 567, II 258/II 245, III 250 – DS II 233, III 265). Antes de dar nascimento aos Quarenta e Nove Fogos Sagrados, *Agni* se torna três, depois sete (SD III 544/V 517 – DS VI 180), porque, como afirma Subba Row, toda vez que sete entidades são mencionadas na 'ciência esotérica antiga da Índia', deve-se supor que 'aquelas sete entidades vieram à existência das *três entidades primordiais* e que

---

1 *Ormazd, Amshaspends* – Termos do Zoroastrianismo (N.E.)

essas três entidades, além disso, são derivadas de uma *única* entidade', precisamente como 'os *sete* raios coloridos do raio solar são derivados dos *três raios coloridos primários*' (EW 288).

Abhimanim ou *Agni*, o Fogo, não é o quarto Elemento, mas o Fogo Supremo, o Espírito 'além da Natureza Manifestada' (SD II 114/II 120/III 122 – DS III 129). 'A Divindade na sua presença subjetiva por todo o Universo' (SD III 598/V 562 – DS VI 220). O diagrama anexo é uma tentativa de representar graficamente os sete planos cósmicos, os sete Elementos e suas quarenta e nove subdivisões.

PLANOS CÓSMICOS	ELEMENTOS						
	Ākasha	Água	Ether	Fogo	Ar	Água	Terra
1	●	○	○	○	○	○	○
2	○	●	○	○	○	○	○
3	○	○	●	○	○	○	○
4	○	○	○	●	○	○	○
5	○	○	○	○	●	○	○
6	○	○	○	○	○	●	○
7	○	○	○	○	○	○	●

O Espaço, 'considerado como uma Unidade Substancial, a viva Fonte de Vida,' é chamado a 'Desconhecida Causa Sem Causa' que se manifesta através desses Elementos. É por isso que é chamado, 'no simbolismo esotérico, o "Pai-Mãe Eterno de Sete Peles" '. 'Essas peles são os Elementos e os planos cósmicos, cuja 'camada' ou 'superfície indiferenciada' é o *chaos* (SD I 9 e 2ª nota/I 38 e 2ª nota/I 75, 76 e nota 1 – DS I 77 e nota 1). As outras peles são os 'seis Princípios da Natureza', isto é, 'o produto – os aspectos diversamente diferenciados – do Sétimo'. O sexto princípio (a Água ou a Alma do mundo) é a fonte de tudo que existe nos mundos inferiores, porque os cinco princípios restantes são apenas 'as permutações, psíquica, espiritual e física, do Sexto no plano da manifestação e da forma' (SD I 17/I 45, 46/I 83 – DS I 85). Quando emerge do sexto princípio, o quinto (o *Ether*) contém os outros quatro, os 'pontos cardeais' (Fogo, Ar, Água e Terra), e mais tarde dá nascimento a eles (SD I 365/I 392/II 81 – DS II 73).

Essas mesmas idéias são encontradas na cosmogonia hindu e na Cabala. De acordo com o *Vishnu Purāna*, o Ovo do Mundo é envolvido por sete peles. 'É neste Ovo Dourado que *Brahmā* nasce' (CW X 313), o que quer dizer *Purusha* ou *Nārā*, o sétimo princípio cósmico, também chamado *Svāyambhuva-Nārā* (IU II 268), que 'origina de si o *princípio-mãe*, contido na sua própria essência divina – *Nārī*, a Virgem imortal' (IU II 226). Esta última é nada mais que 'Eva ou a Eva espiritual', a divina *Sophia* dos gnósticos, que antes de seu nascimento jazia dentro do primeiro Adão (IU II 223), e que, 'impregnada' pela energia de *Nārā* (o Espírito de Deus), 'se torna *Tanmātra*, a mãe dos cinco elementos – 'Ar, Água, Fogo, Terra e *Ether*' (IU II 226); em outras palavras, torna-se a Alma do Mundo.

Enquanto o *Chaos* é o 'princípio feminino', as 'Águas da Vida', na qual jazem os 'adormecidos Espírito e Matéria', o *Ākāsha*, visto como o sétimo princípio cósmico, é 'o primeiro a despertar para a vida ativa' (SD I 64, 18/I 93, 46/I 132, 83 – DS I 125, 85). É a síntese dos sete Centros de Força ou *Tattvas* que constituem o Universo (SD III 498/V 475 – DS VI 138). Entretanto, não é o criador dos mundos materiais. O Homem Celestial (*Purusha*), sendo '*atividade absoluta*, e não tendo, em conseqüência, relação direta com os objetos da percepção, é Passividade'. Por esse motivo é chamado o 'Grande Passivo'. Sendo 'a consciência divina eterna que não se pode diferenciar, ter qualidade ou agir', *Ākāsha* 'não pode ter relação com o finito e condicionado' (CW X 361). 'A ação pertence ao que é refletido ou espelhado dele', isto é, o sexto princípio cósmico, a Alma do mundo, que é o 'Grande Ativo' (ML 341).

Nos *Purānas* hindus, diz-se que aquele Som é a primeira produção de *Ākāsha* (o sétimo princípio cósmico do Universo) (CW X 314). Esotericamente, o Som é neste caso a Palavra divina ou o Logos (SD I 256/I 276/I 300 – DS I 288). 'O Som não é atributo de *Ākāsha*, mas é sua correlação primária, sua manifestação primordial, o LOGOS ou a Ideação Divina' (SD III 498/V 475 – DS VI 137).

A ALMA DO MUNDO

Em outras palavras, este Som é a Alma do Mundo, idêntica ao Espírito Santo feminino que constitui a terceira pessoa da trindade cristã (ML 341). É a Alma Universal que '*não* é a Causa inerte da criação ou (*Para*) *Brahman*, mas simplesmente o que chamamos o Sexto Princípio... *Mahat*, ou *Mahābuddhi*, a Grande Alma, o veículo do Espírito... o verdadeiro Deus antropomórfico dos Teístas, pois este Deus é uma *personificação* daquele Agente Criador Universal' (SD I 420, 421/I 453/II 138, 139 – DS II 182).

Mahat, 'o aspecto positivo de *Ākāsha*', é idêntico a *Ālāya*, a *Anima Mundi* dos budistas do norte (SD III 546/V 519 – DS VI 182). É 'a Mente Divina em operação criativa' e corresponde, na Cabala, aos *Sephiroth Chokmah* (o Pai) e *Binah* (a Mãe) (SD I 16, 256/I 44, 277/I 81, 301 – DS I 83, 289; CW X 324, 355). Esta

'Raiz espiritual, ònisciente e onipotente da Inteligência divina, a *Anima Mundi* mais elevada ou o Logos' (SD I 572/I 625/II 296 – DS II 283), é uma manifestação do Homem Celestial. É o Homem Celestial em um nível mais material. Portanto, *Mahat*, como *Adam Kadmon*, é chamado o Terceiro Logos. É a 'Ideação Cósmica' (SD I 16, II 24/I 44, II 27/I 82, III 37 – DS I 83, III 41), 'o princípio criador – uma potência comumente chamada Deus que desaparece e morre com o repouso quando o *pralaya* chega' (ML 89). 'Pode ser definido em poucas palavras: é a Alma Universal, a Matriz do Universo, o *Mysterium Magnum* do qual nasce tudo o que existe por separação ou *diferenciação*... é o próprio Espaço, num sentido, ou os *sexto e sétimo* princípios ao mesmo tempo' (SD II 511, 512/ II 538/ IV 81 – DS IV 79), porque o Espaço não é diferente do sétimo princípio cósmico, a 'única Realidade no Universo', e não diferente, portanto, dos outros seis princípios, que são apenas reflexos do sétimo. 'O Espaço é chamado a Mãe antes de sua atividade cósmica, e Pai-Mãe no primeiro estágio do despertar' (SD I 17, 18/ I 45, 46/ I 83 – DS I 85). A Alma do Mundo, algumas vezes chamada a Chama Sagrada ou a Chama Divina (GT art. *Anima Mundi*, Chama; SD III 568 diagrama V/ V 542, diagrama V – DS VI 203 diagrama V) é produzida pela energia do Logos atuando na substância não diferenciada: 'Esta "Substância Primordial" é chamada por alguns de *Chaos*. Platão e os pitagóricos chamavam-na a Alma do Mundo, depois dela ter sido impregnada pelo Espírito daquilo que pairava sobre as Águas Primordiais, ou *Chaos*' (SD I 338/ I 361/ II 52 – DS II 44).

Estas 'Águas Primordiais' (que são também designadas pela frase, 'a Face das Águas') são o *Chaos*, o estado primitivo da Alma do Mundo (as 'Águas do Espaço'), a 'Mãe' mística ou 'o Útero de Natureza Abstrata, no qual o Universo Manifestado é concebido' (SD I 373 2ª nota/ I 400 2ª nota/II 88 nota 3 – DS II 80 nota 14). O *Chaos* é idêntico ao Elemento 'Uno Manifestado' das *Estâncias de Dzyan*, o Elemento que *Kwan-Shai-Yin*, o Terceiro Logos *(Adam Kadmon* ou *Avalokiteshvara*)[1] transforma nas 'Grandes Águas' e separa do 'Oceano de Fogo'. Essas 'Grandes Águas' nada mais são do que a Alma do Mundo, as 'Águas do Espaço'. Da mesma maneira , em as *Leis do Manu*, o Ovo do Mundo, dividindo-se em duas partes, produz o céu *Nārā* (O Mar de Fo-

1 É este Terceiro Logos que Subba Row pretende indicar, no seu *Lectures on the Bhagavad-Gītā* pelo termo *'Ishvara'* (CW X 313) que ele usa como sinônimo de *Avalokiteshvara* (PBG 11).

go) e a terra *Nārī* (a Alma do mundo) 'ambos ainda na forma ideal, não na forma manifestada' (IU II 267, 268).

O único veículo que o Logos Manifestado usa é *Daivīprakriti*, a Luz do Logos : 'É através desta Luz que tudo é criado' (SD I 429/ I 463/ II 147 – DS II 138). Esta 'energia dinâmica da Ideação Cósmica' é a ponte que permite ao Pensamento Divino agir na Substância universal: o que surge inicialmente no Logos é simplesmente uma imagem, uma concepção do que está para ser no cosmos. Esta luz ou energia capta a imagem e a impressiona na matéria cósmica que já está manifestada. Assim vêm à existência todos os sistemas solares manifestados' (PBG 19). É por isso que Subba Row afirma que *Christos* ou *Avalokiteshvara*, o Logos que ele também chama o 'poder multiforme' e a 'Pequena Voz Silenciosa' assim como a 'Voz do Silêncio,' 'tem dentro de si o plano inteiro da Evolução da Vida' (EW 528, 536, 537).

Do segundo plano em diante, a *Daivīprakriti*[1] tor-

---

1 Mme. Blavatksy define *Daivīprakriti* como 'a Luz do Logos Imanifestado' (SD I 216/I 236/I 263 – DS I 253); mas Subba Row lhe dá o significado de *Fohat.*

na-se *Fohat*, ou as seis Forças Universais das quais é a síntese, cujas diferenças resultam das 'peculiaridades de diferenciação da matéria' na qual atua (CW X 386; SD I 293/I 313/ I 334 – DS I 322). *Fohat* é o vocábulo tibetano correspondente ao que, tanto nos Vedas, como no Avesta, é chamado *Apam Napat* (literalmente: o Filho das Águas). *Fohat* é o 'Filho do *Aether*', isto é, o produto de *Ākāsha* (o sétimo princípio), o 'Pai-Mãe dos Sete primordiais e do Som ou o Logos' (SD I 76/I 105/I 142 – DS I 133; SD II 400 4ª nota/II 418 4ª nota/III 399 nota 4 – DS III 418, nota 58; GT art. *Ākāsha*). Esta 'ponte misteriosa entre a Mente e a Matéria' (SD I 16/I 44/I 81 – DS I 83) é também, como vimos, a 'Raiz do *SELF* mental' da qual derivam todas as outras consciências, pois a luz do Logos é uma 'Luz de consciência, de percepção mental e física' (SD I 430/I 463/II 148 – DS II 137). 'Manifesta-se como consciência' e 'não se deve supor que aquela consciência seja uma espécie de entidade independente criada por esta luz; é um modo ou uma manifestação da própria luz, que é vida' (PBG 25).

Mme. Blavatsky chama algumas vezes *Ākāsha* a Alma Universal (SD II 511/II 538/ IV 81 – DS IV 79). Também usa freqüentemente este termo sânscrito, alternadamente com a palavra *Aether*, para indicar ou o sétimo princípio cósmico ou o quinto *(Ether)*. Algumas vezes dá ainda o nome de *Ākāsha* à substância dos três planos superiores sem forma (*arūpa*) do Universo, enquanto emprega 'Luz Astral'[1] para a matéria dos três planos seguintes: 'A Luz Astral é a que reflete os três planos mais elevados de consciência e está acima do inferior, ou plano terrestre; portanto, não vai além do quarto plano onde, podemos dizer, o *Ākāsha* começa' (CW X 360).

A Alma do Mundo é o 'Fogo Vivo', *Magnes*, a eletricidade oculta que fornece ao homem seu 'espírito divino'. Mas, no seu aspecto inferior, é também a 'Luz Astral' que dá a 'alma astral' para toda coisa viva (SD I 344/I 367/II 58 – DS II 51; IU I xxvii, 64, 129, 139 2ª nota; GT art. Luz Astral), pois a '*anima mundi* é dual e bissexual. Sua parte masculina é inteiramente divina e espiritual; é a *Sabedoria*, enquanto que a parte feminina (o *Spiritus* dos Nazarenos)... é o princípio da vida de toda criatura viva, e fornece a alma astral, o '*perispí-*

1 Entretanto, os ocultistas ocidentais e Eliphas Levi em particular – e muitas vezes a própria Mme. Blavatsky – usam esta expressão ao se referirem à Alma do Mundo, o sexto princípio cósmico (H.P.Blavatsky, *A Modern Panarion*, 409; SD I 253/ I 275/ I 299 – DS I 287).

rito' fluídico aos homens, animais, aves do ar e a tudo que vive' (IU I 301, 2ª nota; SD I 196/I 218/ I 246 – DS I 236).

Assim toda coisa viva é composta, em primeiro lugar, de um espírito fornecido pela porção mais elevada da *anima mundi*, que é o sexto princípio cósmico; em segundo lugar, de uma alma vinda da parte mais inferior da Alma do mundo e finalmente de um corpo físico. 'Os animais têm apenas o germe da alma imortal mais elevada como um terceiro princípio'. Seu espírito está latente e 'desenvolver-se-á somente através de uma série de incontáveis evoluções' (IU I 301, 2ª nota). Os Filósofos gregos sustentavam que, no ser humano, *nous* (Espírito) deriva do 'interior da Alma Universal' cujo exterior, de acordo com eles, fornece o *phren* e *thumos* (a Mente Inferior e o *Kāma-Rūpa*) (KT 96, 105, 106).

A alma astral ou perispírito corresponde ao 'Sopro da Vida'; o *Nephesh* dos cabalistas. É o 'Princípio *Prāna-Kâmico* ou Alma animal vital no homem' (GT art. *Nephesh*), o 'Quarto Princípio, e também o segundo, *Prāna*, pois *Nephesh* é o "Sopro da Vida" no homem, assim como no animal ou no inseto, da vida física, material que em si não tem espiritualidade' (SD I 243, 2ª nota/I 263, 2ª nota/I 288 nota 2 – DS 277, nota 171).

Mme. Blavatsky identifica esta alma astral ao ' ''*Jiva*'' ou princípio vital que anima o homem, o animal, a planta ou mesmo um mineral' e que, 'certamente, é ''uma forma de força indestrutível'' ou *anima mundi*, a alma viva universal' (CW V 112). *Jīvātmā* (representado no Zodíaco pelo signo de Leão) é um sinônimo de *Mahat*, isto é, da Alma do Mundo. Mme. Blavatsky afirma que 'no seu estado mais inferior ou mais material' é 'o princípio vital que anima os corpos materiais dos mundos animal e vegetal etc.' (EW 9 nota I, fornecida por Mme. Blavatsky).

A 'alma divina', para cuja formação o 'Fogo Vivo' é necessário (IU 300 nota 1, 301), é *Buddhi*, o sexto princípio humano, a centelha 'nascida da Essência pura do Sexto Princípio Universal' (SD I 17/I 45/I 82 – DS I 84), pois *Buddhi*, 'um raio da Alma Espiritual Universal (*Ālaya*) (SD III 494/V 471 – DS VI 139), é 'da essência do mais elevado plano de *Ākāsha* e, portanto, não se diferencia' (CW X 324).

O Homem é 'um pequeno mundo, um microcosmo dentro do grande Universo. Como um feto é conectado por todos os seus *três* espíritos à matriz do macrocosmo; e, enquanto seu corpo terrestre está em constante harmonia com sua mãe, a terra, sua alma astral vive em uníssono com a *anima mundi* sideral, isto é, com a parte inferior da Alma do Mundo. Ele está nela, assim como ela está nele, pois o elemento permeante universal ocupa todo o espaço e *é* o próprio espaço, apenas ilimitado e infinito. Quanto ao seu terceiro espírito, o divino, é apenas um raio infinitesimal, uma das inúmeras irradiações procedentes diretamente da Causa mais Elevada – A Luz Espiritual do Mundo' (IU 212).

Neste contexto Mme. Blavatsky cita o ensinamento de Paracelsus: 'Três espíritos vivem e atuam no homem; três mundos lançam suas sementes neles... O primeiro é o espírito dos elementos (o corpo material e a Força vital na sua condição primitiva); o segundo, o espírito das estrelas (o corpo sideral ou astral – a alma); o terceiro é o espírito Divino (O *Augoeides)*' (IU 212).

A Alma do Mundo, a 'Luz Astral' dos cabalistas, é, portanto, nos seus dois aspectos, a força universal, o 'princípio da vida' ou o *archaeus* de Von Helmont (IU I 400), a causa misteriosa que mantém acesas as lâmpadas sempre incandescentes mencionadas por Mme. Blavatsky (IU I 224 e seguintes) e a energia que segundo ela, foi descrita por Bulwer Lytton na sua novela *The Coming Race* (A Raça Futura) onde é chamada 'VRIL' (IU I 125, 126).

Sophia[1], o Logos feminino, o Espírito Santo dos gnósticos (CW X 333) é a 'Sabedoria *manifestada* (no mundo fenomenal)', o 'Grande Ativo' e a Substância ativa, *Prakriti* na sua condição diferenciada (ML 340, 342), em outras palavras, o sexto princípio cósmico, a parte mais elevada da Alma do Mundo, 'o Criador de tudo' (SD I 72, 3ª nota/I 101, 1ª nota/I 139, nota 2 – DS I 129). Sua filha, *Sophia Achamoth*, personifica a 'Luz Astral Inferior', ambos sendo 'uma e a mesma coisa *vista*

---

1 Desde que *Sophia,* como *Kwan-Yin* (a 'Mãe da Misericórdia e do Conhecimento', o 'Triplo' de *Kwan-Shai-Yin*) é a Mãe, a Esposa e a Filha do Logos (SD I 136/I 160/I 193 – DS I 182) é ainda 'num certo sentido' (SD I 72, 3ª nota/I 101 1ª nota/I 139 nota 2 – DS I 129 nota 27) *Aditi* ou *Sephira* (SD I 434/I 468/II 152 – DS II 142; SD II 43/II 46/III 54 –DS III 58) e até *Shekinah* que, como vimos, é colocada por Mme. Blavatsky acima de *Sephira,* mas que é muitas vezes identificada por ela com a última. Portanto, ela afirma que *Shekinah* é o *Bythos* dos gnósticos, a 'primeira emanação feminina' da Divindade Desconhecida (o primeiro Logos), junto com a qual faz nascer *Ennoia (Adam Kadmon),* o 'Homem Primordial' ou a 'Mente manifestada', isto é, o Logos Manifestado (o Terceiro), o 'Espírito de Deus' (IU II 169). Quando ela dá

de dois aspectos, o espiritual e o psíquico' (SD I 197 e 2ª nota/I 219/I 247 – DS I 237), isto é, *nous*, a Sabedoria Divina mais elevada e *psyche*, 'a mais inferior e terrestre' (SD 197, 2ª nota/I 219 2ª nota/I 247, nota 2 – DS I 297, nota 87).

Como *Vishnu*, o 'Deus do Princípio Úmido[1] e da Água' (SD II 591/II 625/IV 163 – DS IV 161), o 'Doador da Vida, o Criador e o Preservador' (IU II 303), *Sophia*, vista como o sexto princípio cósmico, é simbolizada, no Selo de Salomão[2] pelo triângulo com a ponta

---

este significado a Sophia, Mme. Blavatsky afirma que a *anima mundi* (superior e inferior) é *Sophia-Achamoth*, que 'contém os germes espiritual e material de tudo *que é* , e que como Eva, cujo protótipo ela é, é "a mãe de tudo que vive", sendo a VIDA metade espiritual, metade material, que vivifica a matéria inerte nas profundezas do *chaos*' (IU II 227, 226).

1 "Moist" em inglês (N.E.)

2 Os dois triângulos entrelaçados que formam o Selo de Salomão e o *Shri-Antara* dos brâmanes simbolizam o Espírito (o que aponta para cima) e a Matéria (SD I 118/I 143/I 177 – DS I 167). Representam os Sete do *Sepher Yetzirah* (VI 7): 'Sete. Três olhando três e o Um equilibrando os dois'. Com respeito ao papel do equilíbrio do Um, ver depois o capítulo sobre *A Guerra no Céu e a Queda dos Anjos*.

para baixo. O outro triângulo, apontando para cima, representa o 'Grande Passivo' (a Sabedoria *Oculta*), isto é *Shiva*, o 'Princípio do Fogo', 'o *Destruidor*', 'o Distribuidor da Morte' (no mundo material, e é doador da vida no mundo espiritual) (ML 340, 341; SD II 591, 592/II 625, 626/IV 163, 164 – DS IV 161; GT art. *Typhon*).

Este simbolismo explica a menção, no primeiro dos dois grandes diagramas em *Isis Unveiled* (II 264), de *Shiva e Vishnu*, cada um com seu *shakti*; o primeiro, associado com o triângulo apontando para cima, o último, com o triângulo apontado para baixo. A orientação desses dois triângulos entrelaçados é tal que cada um dos vértices corresponde a um dos globos que, juntos com nosso próprio planeta, formam a cadeia terrestre como é representada, de acordo com Mme. Blavatsky, no *Livro de Dzyan*, cada um desses globos situados nos seguintes pontos: Leste, Nordeste,Noroeste, Oeste, Sudoeste e Sudeste (SD II 759/II 802/IV 328 – DS IV 329). Quanto ao nosso globo físico, está representado pelo círculo menor na base do diagrama.

O círculo envolvendo estes dois triângulos representa '*Mahākāsha* – espaço infinito – o sétimo Princípio *Universal*', o Macrocosmo, 'encarnando a potencialidade de toda ação no Cosmo', isto é, o Primeiro ou o Logos Imanifestado. O ponto central da estrela de seis pontas é *Kwan-Shai–Yin*, o microcosmo, o Logos Manifestado, o 'ponto germinal da atividade manifestada', ao passo que o círculo é apenas a mera potencialidade de ação. 'Ambos são vistos como *Avalokiteshvara*' (ML 340), porque 'há dois *Avalokiteshvaras* no Esoterismo: o Primeiro e o Segundo Logos' (SD I 72 1ª nota/I 101/I 139 – DS I 130), ou, se se prefere, o Primeiro Logos e o Terceiro. Pois *Avalokiteshvara*, como *Brahmā* que é idêntico a ele, é 'o Segundo Logos, ou ainda o Terceiro Logos, de acordo com a numeração adotada' (CW X 313), isto é, se se leva em consideração o Pai-Mãe semimanifestado (que é então o Segundo Logos), ou se não se considera. No último caso, considera-se apenas o Logos Imanifestado (o Primeiro) e o Logos Manifestado (o Terceiro), que é então chamado o Segundo.

Entre os egípcios, a Alma do Mundo era Ísis 'a filha, esposa e irmã de Osíris' (SD I 137/I 161/I 194 – DS I 183), a última idêntica a *Adam Kadmon*, o Terceiro Logos. Ísis, a 'Grande Virgem Cósmica', representada no Zodíaco pelo signo de *Virgo* (Virgem), que Subba Row associa à Luz Astral e as seis forças da Natureza (EW 12, 18), é na verdade 'o sexto princípio do Cosmo... o poder gerador do Universo – não é *Prakriti*, mas a energia produtora de *Prakriti* – e como tal gera a ideação na mente universal' (EW 229). É idêntica a Vênus, Eva, *Kwan-Yin* e *Vāch*, assim como a *Mylitta* (SD II 43/II 47/III 55 – DS III 59), a 'Grande Mãe' dos caldeus, também chamada *Ishtar*. Simboliza o princípio feminino, a Divindade criadora, que é apenas o 'agente executivo' da 'Divindade Superior', do 'Arquiteto' (SD II 43/II 46/III 54, 55 – DS III 58,59), isto é, do Deus masculino, ou melhor, dos três Deuses masculinos que, sendo aspectos da Divindade Suprema, são idênticos. É por isso que Maria é considerada como a mãe dos três Deuses da Trindade Cristã, 'porque eles são um'. Junto com esses três Deuses, ela forma o *Tetraktys*, o Quádruplo Deus que os caldeus chamavam *Arba-il* (IU II 171).

Os três *Logoi*, 'o "Pai" imanifestado, a "Mãe" semimanifestada, e o Universo, que é o Terceiro Logos' (CW X 332), são um porque são as três fases iniciais da manifestação crescentemente objetiva de uma única Realidade. São os 'símbolos personificados dos três *estágios espirituais* da Evolução'. O Primeiro Logos é 'a potencialidade já presente, mas ainda imanifestada no seio do 'Pai-Mãe'. O Segundo é a coletividade 'abstrata' dos Construtores do Universo. Quanto ao Terceiro, é 'a diferenciação final do Segundo e a individualização das Forças Cósmicas' (CW X 334). Cada um desses três

Logoi está *en rapport* (em relação) com um dos três planos superiores (*arūpa*) do Cosmo; a substância deste plano, animada pela energia do Logos correspondente, constitui um dos três *tattvas* superiores do Universo (SD III 492/V 469, 470 – DS VI 132, 138).

A estrela de seis pontas circundada por um círculo é um símbolo do *Tetraktys*, assim como é o quadrado inserido num círculo 'a mais potente de todas as figuras mágicas' (SD I 99/I 126/I 161 – DS I 151; SD II 626/II 662/IV 197 – DS IV 195; CW VIII 144, 145; X 356, 357). O *Tetraktys* reflete-se no homem no qual 'o triângulo físico inferior' (o aparelho sexual), 'em conjunção com o 'Uno feminino', torna-se 'o criador masculino-feminino' (SD III 445 e diagrama I/V 426 e diagrama I – DS VI 89 e diagrama I). Então, assim como no plano humano, no cosmo, o espírito (masculino) é triplo e a matéria (feminina) é una.

Sabemos que na antiguidade, no centro das encruzilhadas (simbolizando os dois Universos, o visível e o invisível, e também a função mediadora do deus), pilares de pedra eram erguidos encimados por um busto de Hermes, a divindade "psicopomposa" assim chamada porque era sua tarefa encontrar as almas dos que partiram e escoltá-los no mundo do além. Ninguém ficava chocado em observar os órgãos reprodutores masculinos projetando-se do centro da frente desses pilares. Estes órgãos eram considerados sagrados, e sua visão não produzia sentimentos de vergonha nem pensamentos licenciosos (Jung, *Man and His Symbols (O Homem e seus Símbolos)* 155, 156). Da mesma maneira, ainda hoje, o hindu não associa significação obscena às representações do *lingam e yoni* (os órgãos genitais masculino e feminino) que são publicamente exibidos no seu país.

A Alma do Mundo é 'a Voz, a *Vāch* feminina "das cem formas", *Shatarūpa* ou a Natureza' (SD I 94/I 121/I 157 – DS I 147). É produzida pelo Espírito de Deus (*Adam Kadmon*, o Terceiro Logos) que se reflete nas Águas do Espaço ou a matéria ainda não diferenciada do futuro Universo, e por esse meio produz a primeira vibração de diferenciação na homogeneidade da matéria primordial. Esta é a Voz que precede a 'Palavra ou o Logos (o Verbo), isto quer dizer, a expressão precisa e objetiva do que permanecia até então nas profundezas do Pensamento Oculto'; em outras palavras, o Universo plenamente manifestado. Esta Trindade pode também se expressar pelos termos Cor, Som e Número (CW X 406).

A Alma do Mundo é a 'Voz Melodiosa', porque é o Som ou o Logos que constrói o Universo objetivo. É também a 'Mãe da Misericórdia e da Sabedoria', porque no homem, é *Buddhi*, o sexto princípio, simbolizado no *Idílio do Lótus Branco* de Mabel Collins, pela Dama do Tanque do Lótus. O Lótus, como explica Subba Row, representa o *chacra* de mil pétalas no topo da cabeça, o centro de força através do qual a Mãe da Misericórdia jorra as águas da vida e da graça para a gratificação e a regeneração da alma humana'[1] (EW 264).

Pois *Budhdi*, 'a corrente de vida cósmica no homem', não é outro senão a 'luz e a aura do Logos' (EW 268). Quando considerado simplesmente como 'o veículo ou vestimenta do Espírito Supremo, *Ātmā*', é um princípio passivo. Visto como um princípio ativo, *é Kundalini*, 'um dos poderes místicos' dos *Yogues*, denominada algumas vezes o 'poder feérico' e a 'Mãe do Mundo'. É uma força eletroespiritual, uma potência criadora que, quando desperta para ação, pode facilmente matar ou criar' (VS Fragmento I a.f. 38 notas 23, 24).

---

1 As Águas são um símbolo de Sabedoria e do Ensinamento Ocultos... *Ea*, a Deusa da Sabedoria, é o "Peixe Sublime", e o Dragão ou *Oannes* é o Homem-Peixe caldeu, que emerge das Águas para ensinar a Sabedoria' (SD II 495 2ª nota/II 520 2ª nota/IV 63 nota 4 – DS IV 62, nota 57).

Isto é a ligação entre os membros de toda Fraternidade de Adeptos, e é a 'transmissão desta luz' que é chamada a 'transferência de vida' efetuada durante a iniciação (EW 270). Na Cabala, *Buddhi* é *Shekinah* que 'desce... sobre o Assento Misericordioso' (IU II 267 5ª nota) e é a divina presença no *caminho de Malkuth*' (o globo terrestre); pois *Shekinah* é 'o *Buddhi* do corpo físico' (CW VIII 152).

Buddhi é a Mônada humana, geralmente definida por Mme. Blavatsky como a 'combinação dos dois últimos Princípios no homem, o 6º e o 7º ', e o termo, 'estritamente falando', de acordo com ela, aplica-se somente à Alma Espiritual, isto é, ao sexto princípio, e 'não ao seu mais elevado, o Princípio vivificante espiritual' (o sétimo) (CW V 172). 'Uma Mônada é apenas um centro de energia' (EW 128), 'um centro de Força Espiritual' (CW V 172), mas é um centro de energia *individual*, alimentado pelo centro de força universal, o sétimo princípio. Além disso, para Subba Row 'a mônada humana não é idêntica ao sétimo princípio, *Ātmā* ou o Logos; é energia que atua através do sexto princípio. É a energia difundida do Logos, a vida una procedente do Logos como uma entidade ativa' (EW 126). O sétimo princípio é, portanto, 'a fonte de energia, enquanto que o sexto princípio é apenas a energia irradiada pelo sétimo' (EW 140).

Esta energia é 'jogada de acordo com a Lei da Evolução na forma mais inferior de matéria – o mineral' (SD I 246/I 266/I 292 – DS I 280), alcançando assim o estágio mais baixo da longa e complicada jornada através dos mundos materiais. Este é o fim da 'involução' à qual se segue a 'evolução', a fase ascendente durante a qual a Mônada, animando graus de matéria cada vez mais sutis e organismos cada vez mais perfeitos, volta ao ponto donde saiu, imbuída da consciência que faltava no início (ML 102). Escapando de sua prisão, a 'pedra' (o reino mineral), 'de modificação em modificação, vem mais e mais alto', passando pelos reinos vegetal e animal até alcançar o reino humano (IU I 302; SD I 246/I 267/I 292 – DS I 280).

As primeiras formas humanas animadas pela Mônada são inconscientes, uma vez que a Mônada possui consciência apenas num estado latente. Deixada sozinha, poderia eventualmente acontecer uma transformação gradual desta consciência potencial em consciência ativa, mas o procedimento adotado não é este. Hierarquias de seres, em níveis diferentes, intervêm para dotar estes seres humanos com inteligência e poderes de sensação, diminuindo assim, consideravelmente, a peregrinação da Mônada no arco ascendente da evolução. Estas hierarquias fornecem ao homem seus 'dois princípios intermediários, que são a Vida *senciente* do animal irracional e a Alma Humana, pois a primeira é irracional sem a última' (SD I 247/I 2676/I 292 – DS I 280). Em outras palavras, eles dão ao homem o *Manas* (sua mente superior e sua mente inferior) e o *Kāma Rūpa*, o veículo dos desejos e paixões (SD I 153/I 177/I 209 – DS I 198).

OS SETE PRIMORDIAIS

A Mônada de toda criatura viva emana 'com toda a glória de sua[1] ancestral imortal que a observa da sétima esfera' (IU I 303) e que é o 'Vigilante' ou o *Self* Superior. Este é o 'Espírito planetário', a estrela da qual a alma humana é o raio, a 'estrela flamejante que brilha dentro das profundezas sem luz do sempre-ser, os campos infinitos do Desconhecido' (VS Fragmento II af. 137). Este Vigilante, o 'Pai *que está no Céu*' (SD I 574/I 627/II 298 – DS II 285), embora não sendo uma entidade 'no sentido usual do termo', é, todavia, um Princípio 'inteligente, consciente e *vivo*'. É o protótipo da Mônada (SD III 58, 59/V 77, 78 – DS V 67, 68), a 'Pequena Voz Silenciosa' (um termo usado tanto por Mme. Blavatsky

---

1 Em inglês *its* (neutro) (N.E.).

como por Subba Row, significando 'a voz da consciência') que é ouvida pelo homem iluminado no curso da *Teopneustia*, a 'inspiração, ou melhor, o poder misterioso de ouvir verbalmente os ensinamentos de um Deus'. Este poder está latente em todo homem, o ' "Deus" inspirador sendo, entretanto, em todo caso, seu próprio *Self* Superior ou protótipo divino' (SD III 57 2ª nota, 60 1ª nota/V 75 nota 2, 79 nota 1 – DS V 67 nota 2, 69 nota 6).

Os Vigilantes são chamados os Sete Primordiais, mas, na realidade, constituem sete hierarquias de Seres Espirituais, 'os mais elevados Seres na escala da existência' (SD I 88/I 116/I 152 – DS I 142), pelo menos em relação ao nosso sistema solar, das quais as *Estâncias de Dzyan*, comentadas em *A Doutrina Secreta*, tratam unicamente (SD I 13/I 41/I 79 – DS I 81). Tendo alcançado a perfeição num Universo solar anterior, ganharam 'o direito de se tornar divinos, através da própria experiência' (SD I 106/I 132/I 167 – DS I 157). São 'Inteligências Divinas (ou oniscientes)', mas sua onisciência é limitada ao nosso sistema solar: 'Os *Dhyān Chohans* mais elevados do Sistema Solar não têm compreensão do que existe nos sistemas mais elevados, isto é, no segundo plano *Kósmico* "setenário" ' (CW X 369). 'Aparecem na terra como *Avatāras* unicamente no começo de cada nova Raça humana e nas junções ou proximidade dos dois extremos dos ciclos menor e maior... para soar a nota fundamental da Verdade' (SD III 487/V 465 – DS VI 128), pois seu relacionamento é com o espírito, não com a matéria (CW X 341). Coletivamente, constituem o sétimo princípio cósmico, *Avalokiteshvara* ou *Purusha*, o Homem Celestial (ML 89).

Esses Seres Divinos, os '*Dhyāni-Buddhas*' do budismo [do norte] e os Arcanjos do cristianismo (SD I 127/I 152/I 185, 186 – DS I 175, 176; SD III 328/V 320 – DS V 309; CW X 343) são os 'Filhos da Luz, os *Logoi* da Vida' (SD I 572/I 625/II 296 – DS II 283) e as 'Sete Luzes Primárias *manifestadas* da Luz *imanifestada*'. Eles constituem os protótipos de 'Deuses inferiores e de hierarquias de Seres divinos que formam uma escada em cuja extremidade inferior estamos nós – os homens' (SD III 59/V 78 – DS V 69).

Eles 'procedem do "Pai-Mãe"'(CW X 397), a substância homogênea primordial. Esta é, além disso, diferenciada pela energia destes '*Dhyān-Chohans* mais elevados do Ocultismo. No começo do *Manvantara*, o *Fohat* que eles irradiam desperta e diferencia *Mahātattva*, ele próprio a radiação de *Mūlaprakriti*' (CW VI 176). Estes 'Sete Senhores Sublimes' (SD I 42/I 73/I 114 – DS I 105) agem, assim, como centros transmissores da energia universal, a 'Força *latente* ou a Divindade' – o *chaos*. Esta força, manifestada através deles, se converte em 'Vontade, comunicando o primeiro impulso a estes Átomos, isto é, aos 'princípios de todas as coisas contidas no Universo' (SD I 343/I 367/II 57 – DS II 50).

Os *Dhyāni-Buddhas* são chamados '*Anupādaka*'[1] ou 'sem pais', porque 'emanaram diretamente daquilo que não é Pai nem Mãe' (CW X 344). Na verdade, nasceram da 'matéria imaculada antes dela ser diferenciada pelo sopro do *Fohat* pré-cósmico, quando ela se torna a "mãe imaculada" do "Filho" ou o Universo manifestado, na forma' (CW X 397).

Os Primordiais 'não são os regentes dos planetas, mas habitam muito além da região planetária' (SD III 327, 328/V 320 – DS V 309), pois residem no primeiro

---

1 Boris de Zirkoff, o erudito compilador da *Coletânea de Escritos* de H.P.Blavatsky, salienta que a forma correta deste termo sânscrito é *Anupapādaka* (CW X 344). Mme. Blavatsky conhecia esta forma; ela a menciona no *Glossário Teosófico,* arts. *Anupādaka, Avātara.* Como mostra Boris de Zirkoff, 'este termo significa "aquele que não se origina de acordo com a sucessão normal" i.e. nascido por si mesmo, ou sem pais'.

mundo *arūpa*. Seus corpos são formados da substância do primeiro plano cósmico, uma essência mais espiritual do que material: 'o Espírito é sem forma e *imaterial*, sendo, quando individualizado, da substância espiritual mais elevada – *Suddasatwa*, a essência divina da qual os corpos dos *mais elevados Dhyānis* manifestados são formados' (GT art. Espírito). Cada um desses *Dhyāni-Buddhas* é um 'espírito *individual* – individualidade esta que dura somente o ciclo de vida manvantárico' – e 'pode ser descrito como um *centro de consciência*, autosensitivo e autoconsciente; um estado, não um indivíduo condicionado' (GT art. Espírito).

Os *Dhyāni-Buddhas* 'são, de fato, o aspecto espiritual dos Sete *Logoi*,' isto é, dos *Ah-hi*, os 'Construtores' e, portanto, dos Regentes Planetários (CW X 345), pois os 'sete Anjos que presidem os sete Planetas são os Construtores do nosso Universo... os Guardiães naturais das sete Regiões do nosso Sistema Planetário. Um dos mais poderosos dentre estes sete Anjos Criadores de *terceira* ordem é "Saturno", o gênio dirigente do Planeta' (SD III 115/V 129 – DS V 120). Entretanto, cada um desses Anjos Planetários é conectado ao Arcanjo ou *Dhyāni-Buddha* que é seu 'aspecto espiritual'. Isto explica porque os mesmos nomes são dados a esses Anjos e Arcanjos.

Cada um dos sete planetas, que os antigos consideravam como sagrados está assim, ligado através do seu Regente, a um *Dhyāni-Buddha* particular, ou melhor, a uma das sete hierarquias de *Dhyāni-Buddhas*. Estas hierarquias são os sete grandes 'reservatórios' das Mônadas humanas (SD III 58/V 77 – DS V 68). As Mônadas, 'nascidas do mesmo Planeta-Mãe, ou melhor, das Radiações de um e do mesmo Espírito Planetário ou *Dhyāni-Buddha*', são almas-irmãs por todas as suas encarnações (SD I 574/I 627/II 298 – DS II 285). Pertencem ao mesmo 'raio'. As Nações, como os homens, são similarmente agregadas em sete 'raios', cada uma delas tendo um Espírito Planetário como 'Vigilante, Guardião e Pai no Céu' (SD I 576/I 630/II 300 – DS II 287).

A essência de cada homem é um *Dhyāni-Buddha*, seu 'Deus pessoal' (SD III 58/V 76 – DS V 67), também chamada '*Kāranātmā*' (a Alma Causal), seu sétimo princípio, seu Ego divino e algumas vezes sua Mônada (SD III 58, 65 2ª nota/ V 77, 83 nota 2 – DS V 68, 74 nota 15), embora esse último termo mais freqüentemente signifique *Buddhi*, o sexto princípio.

Embora reverencie este 'Deus pessoal', o ocultismo não o venera. 'Isto seria, num sentido, auto-adoração' (SD III 58 2ª nota/V 77 nota 2 – DS V 68). Cada Adepto conhece o *Dhyāni-Buddha* do qual nasceu. É sua 'Alma-Gêmea' mais velha, com a qual comunga 'Espírito com Espírito e Alma com Alma', a quem vê na Iniciação suprema (SD I 573, 578/I 626, 631/II 296, 301 – DS II 284, 289), pois é somente nos mundos *arūpa* que os *Dhyāni-Buddhas* são sem forma e, portanto, não podem ser vistos (SD I 572/I 624/II 296 – DS II 283). Foi evocando certos Anjos Planetários que o arcebispo Adalbert de Magdeburg, no século VIII, fazia suas proezas de mágica mais extraordinárias. Este mágico, cujos ensinamentos foram distorcidos no "Pequeno Alberto", foi condenado por um Concílio em Roma por ter recorrido a esses Seres celestiais, e, em particular, a Uriel, o Regente de Júpiter, o planeta ao qual o Anjo Gabriel é agora consagrado pela Igreja Católica Romana (SD III 107/V 122 – DS V 113; CW X 15, 57, 410).

Os Regentes Planetários 'ajudam em certas circunstâncias' aos mortais que sabem como invocá-los. Não obstante, diz Mme. Blavatsky, 'no geral, o menos que se tem que fazer com eles, melhor'. Acrescenta ela que o reconhecimento de sua existência pelo ocultismo 'e mesmo reverência por alguns deles não é *veneração*', pois, embora muito superiores aos homens, esses Seres poderosos são '*criaturas* que gradualmente ainda evoluem e são finitas', antes de terem atingido sua elevada situação atual. Estão simplesmente na nossa frente no caminho da evolução (CW X 14, 13). Estas Forças pelas quais o Universo 'é elaborado e *guiado* de *dentro para fora*' não deveriam ser veneradas, nem individual, nem coletivamente, embora 'estejam qualificadas à grata reverência da humanidade' (SD I 274, 280/I 295, 300/I 317, 322 – DS I 306, 311).

O EU SUPERIOR

Ātmā é o Logos, o 'TODO Universal', e se torna o *Self* Superior do homem 'somente em união com *Buddhi*' (KT 121). Por ele próprio, não é 'nem o seu Espírito nem o meu, mas ilumina todos, como a luz do sol' (KT 135), sendo 'uma emanação do Absoluto e na verdade dele indivísivel' (SD III 58/V 77 – DS V 68).

O *Self* Superior ou Ego Divino é portanto *Ātmā* quando unido a *Buddhi* e não deve ser confundido com o Ego (*Self*) Espiritual ou Eu Espiritual ou com Eu Superior[1] (KT 131 nota), pois este último é *Manas*, o quinto princípio humano, o *nous* dos gregos (KT 171), quando unido a *Buddhi* (KT 121). Em outras palavras, é *Manas*

1 Pela falta de termos apropriados, há uma grande dificuldade na tradução dos termos referentes aos princípios humanos,

ou a Mente Superior, algumas vezes chamado *Manas-Taijasi* ou a Mente Radiante, que pode ser definida como 'a mente radiante; a razão *humana* iluminada pela luz do espírito' (KT 136, 159 nota). Este Eu, 'a real individualidade, ou o homem divino' (KT 136), é o Corpo Causal ou *Kārana Sharīra*, a união dos quinto e sexto princípios (KT 121), que 'anima toda personalidade na qual o *karma* a força a encarnar', e que, penetrando na forma humana insensível e inconsciente, faz dela um ser consciente (KT 136).

O Eu Superior é o *Christos* dos gnósticos, 'o *mensageiro* da vida, algumas vezes chamado o Anjo Gabriel' (IU II 193). É o 'Deus dentro de nós' (GT art. Gabriel), cujo símbolo é o Pentagrama ou *Pentalfa*, a estrela de cinco pontas (GT art. Pentaclo). O que 'Jâmblico e muitos outros, incluindo os rosacrucianos medievais, pretendiam por *união com a Divindade*' era um ato de magia teúrgica que fazia a possível comunicação com o próprio Eu Superior por intermédio do próprio corpo

---

do sânscrito para o Inglês e Francês, e destes para o Português. Para maiores esclarecimentos consultar *A Chave para a Teosofia* (Editora Teosófica), pág. 121. (N.E.)

astral, tornando-o visível e audível (GT art. Jâmblico, Porfírio, Teurgista).

O Eu Superior 'é onisciente e tem todo conhecimento inato nele', mas 'só pode atuar quando o Eu pessoal (o eu inferior) está paralisado', isto é, quando a personalidade humana inferior permanece inteiramente passiva. Se, em todo homem, ele pudesse 'se manifestar ininterruptamente, e sem impedimento..., seríamos todos deuses' (KT 131). O Eu Superior é 'o homem interno', infalível somente no Adepto, porque todo adepto – do mais ao menos elevado – é *uno somente durante o exercício de seus poderes ocultos*. Sempre que esses poderes forem necessários, o Supremo abrirá a porta ao homem *interno* (o adepto), que pode sair e atuar livremente, mas na condição de que esta sua prisão – o homem *externo* – esteja completa ou parcialmente paralisada, como o caso possa requerer' (ML 177).

É somente no fim do *manvantara*, quando a manifestação cósmica termina e o 'Dia Sê Conosco'[1] chega,

---

1 "Day Be With Us", que corresponde, de acordo com *A Doutrina Secreta*, ao *pralaya* universal. (N.E.)

que a Mônada (*Buddhi*) se funde no Vigilante (o *Dhyāni-Buddha*) do qual ela nasceu e que, uno com o Espírito Universal, reside no plano *Ādi* (o primeiro plano). Tornar-se-á, então, uma vez mais 'eu próprio e os outros, tu mesmo e Eu' (SD I 265/I 286/I 309 – DS I 297), isto é, tendo retornado à sua unidade original, não será mais distinta das outras Mônadas.

A MÃE DIVINA

A Alma do Mundo é idêntica a *Ophis*, a Sabedoria Divina (IU II 293), o Deus Salvador adorado pelos gnósticos sob a forma de *Agathodaimon*, o Deus Serpente. Como ele, a Alma do Mundo é a Árvore do Conhecimento do Bem e do Mal (CW VIII 153; IU II 293), *Ennoia* (o equivalente gnóstico de *Adam Kadmon*, o Terceiro Logos) sendo a Árvore da Vida (IU II 293). O Logos é efetivamente a 'árvore da vida porque a *caitanyam*' (vida), 'que anima o cosmo inteiro, nasce dela' (PBG 14). A Alma do Mundo é 'a *Kwan-Yin* e o *Prajna* dos escritores budistas'; é também *Vidyā*, a inteligência espiritual, representada pela Dama do Lótus Branco na estória mística de Mabel Collins *O Idílio do Lótus Branco*, cujo simbolismo é explicado por Subba Row. Constitui 'a aura do Logos que é a Sabedoria' (EW 261, 262).

Exatamente como Eva está a princípio dentro de *Adam Kadmon*, 'porque é uma parte dele próprio, que é andrógino' (IU II 223), assim também *Ophis* é inicialmente uma serpente enroscada dentro de *Ennoia*, donde, posteriormente, emerge para formar o sexto princípio cósmico. Este princípio e o sétimo 'juntos são o Logos' (EW 550). Encontramos uma afirmação como esta do punho de Mme. Blavatsky, quando ela diz: 'Como uma unidade, *Ennoia* e *Ophis* são o Logos; quando separados, um é a Árvore da Vida (Espiritual); o outro, a Árvore do Conhecimento do Bem e do Mal' (IU II 293). Embora *Ophis* seja somente 'a Sombra da Luz', isto é, o lado feminino ou o *Shakti de Ennoia* (o 'Homem Primitivo'), a Boa Serpente é contudo 'a maior Luz Divina no nosso plano' (SD II 214/II 224/III 218 – DS III 232), porque a Árvore do Conhecimento do Bem e do Mal nasce diretamente das 'raízes da Árvore da Vida' (SD II 216/II 227/III 220 – DS III 234).

A Luz do Logos (a Alma do Mundo) pode ser vista sob três aspectos diferentes: 'primeiro é a Vida', ou a *Mahācaitanyam* do cosmo, isto é, um aspecto dele; segundo, é força, e neste aspecto é o *Fohat* da filosofia budista; finalmente é sabedoria no sentido de que é o *Chichhakti*[1] dos filósofos hindus (PBG 96). É por isso

1 *Chichhakti ou Chit-Sakti.* (N.E.)

que, no *Rig Veda, Vāch* é chamada a ' "Palavra Mística", pela qual o Conhecimento e a Sabedoria Ocultos são comunicados ao homem'. Isto explica também a afirmação de que *Vāch* 'entrou nos *Rishis*', isto é, nos Homens Sábios (SD I 430/I 464/II 148 – DS II 138). E é pela mesma razão que *Kwan-Yin*, a 'Mãe Misericordiosa' é olhada como 'a Voz Divina da Alma, mesmo no budismo exotérico', igualmente como *Bath Kol* é chamada 'a Filha da Voz Divina dos hebreus' (SD I 431 nota/I 465/II 149 – DS II 139).

Embora não tenha forma específica, esta deusa, ou melhor este princípio universal, aparece geralmente aos indivíduos iluminados na forma de uma mulher (EW 544). Parece ter sido esta Mãe Divina que foi vista pelo santo hindu Ramakrishna, algumas vezes como uma presença, dando a ele a sensação de 'um oceano de inefável alegria', um 'oceano de espírito, ilimitado, ofuscante' (Romain Rolland, *La vie de Ramakrishna*, 46), algumas vezes como 'a forma luminosa de uma mulher infinitamente graciosa' (*Enseignement de Ramakrishna*, II 229).

A GUERRA NO CÉU E A QUEDA DOS ANJOS

Duas forças estão em perpétuo conflito no cosmo, assim como no homem e em cada criatura, a do espírito e a da matéria. É esta luta sem fim 'a base de todas aquelas guerras no céu e de todas as disputas entre os princípios do bem e do mal no cosmo' que encontramos em muitas religiões. Essas duas forças opostas são, por um lado, a Luz do Logos 'tentando constantemente elevar os homens de seu plano de vida mais inferior ao plano mais elevado de vida espiritual' e, por outro lado, a força inerente em *Prakriti* que 'constantemente está conduzindo o espírito à existência material' (PBG 97). Por ser o Espírito o centro do mundo e de todos os seres, a 'força centrípeta é a atração espiritual e a centrífuga, a atração terrestre' (EW 304). Se 'a força centrípeta aumenta em poder em comparação com a força centrífuga, o planeta se aproxima do sol – o indivíduo alcança um plano mais elevado de existência. Se, pelo contrário, a força centrífuga se torna maior do que a força centrípeta, o planeta é afastado para uma maior distância do sol e se move numa nova órbita naquela distância – o indivíduo desce a um nível inferior de existência' (EW 304). Em casos extremos, o planeta correria em direção ao sol 'com uma velocidade gradualmente crescente' e se tornaria 'misturado com a massa do corpo do sol', ou então, afastando-se do sol, perderia sua luz e calor e se tornaria 'uma massa fria de partículas materiais', vagando pelo espaço até ser completamente decomposto em átomos. Essas duas eventualidades correspondem, respectivamente, no nível humano, ao caso do Adepto perfeito, que se une com *Ātmā*, seu sétimo princípio, e daquela do homem que, em conseqüência de uma modalidade de vida muito material e depravada durante uma série inteira de encarnações, torna-se separado de seus sexto e sétimo princípios. Os últimos, a fonte de sua energia espiritual, são, na verdade, para ele o que a luz e o calor são para o planeta (EW 305).

As Forças espirituais, encarregadas da tarefa de manter um equilíbrio entre as forças centrípeta e centrífuga, tanto no nível planetário como no humano, de maneira a permitir todos os seres a evoluírem progressivamente de acordo com o plano divino da evolução universal, são aquelas que os gnósticos consideravam como, coletivamente, *Christos*, 'o mediador e guia entre Deus (o mais Alto) e tudo o que é espiritual no homem'. *Sophia Achamoth* desempenha o mesmo papel entre '*Ennoia* e a matéria', sendo 'a mediadora entre os mundos espiritual e material' (IU II 172).

Christos é idêntico a *Ophis*, 'a sabedoria divina caída na matéria' (IU II 172), e ambos têm a mesma significação de Hermes e Enoch. Todos estes são representados no Zodíaco pelo signo de Libra (a Balança) no centro da cruz astronômica (IU II 454, 463, 543). É neste ponto central do Zodíaco que a 'justiça e o equilíbrio' estão colocados. É aí que as 'forças centrípeta e centrífuga' estão harmonizadas; elas são os 'símbolos do Bem e do Mal, Espírito e Matéria, Vida e Morte', como também 'aquelas do Criador e do Destruidor'. Estas forças são 'os dois poderes através dos quais o eterno conflito mantém o Universo de espírito e matéria em harmonia', e a ação desses 'dois combatentes' é controlada 'no ponto de intersecção pela Balança que preserva uma 'harmonia exata' no Universo visível e invisível (IU II 463).

No Zodíaco, Libra representa o *Ether* (algumas vezes, escrito *Aether*), o quinto elemento, constituindo o terceiro plano cósmico. O *Ether* é a 'síntese dos outros quatro' elementos (SD I 342, 463/I 366, 502/II 57, 183

– DS II 50, 172). Estes últimos, que correspondem aos quatro planos inferiores do cosmo e, simbolicamente aos quatro braços da Cruz, são os quatro 'pontos cardeais' cujos Regentes são os quatro Grandes Seres chamados na Índia os *Mahārājahs*, os 'protetores da humanidade e também os agentes do *Karma* na terra' (SD I 126/I 151/I 185 – DS I 174). O *Ether* (ou *Aether*) está 'associado ao centro da cruz' (Geoffrey Hodson, *The Kingdom of the Gods*, 69).

Este quinto elemento cósmico deve ser distinguido do Número Quatro (também chamado *Ether* por Mme. Blavatsky)[1] do *Sepher Yetzirah*. Neste trabalho cabalístico está estabelecido que o Número Um (o Primeiro Logos) 'frutifica e desperta a Potência dual, o Número Dois, o Ar, e o Número Três, a Água; nesses "há trevas e vazio, lama e argila[2]" – ou seja o *Chaos*, o *Tohu-Vah-*

1 Mme. Blavatsky chama o quarto dos '*sephiroth belima*' Ether e o Filho (SD III 181/V 189 – DS V 180). O *Sepher Yetzirah* (I 8) dá-lhe simplesmente o nome de 'fogo de dentro da água'.

2 Há um equívoco no texto em inglês em relação a este termo (dung). No "Sepher Yetzirah", tradução de W.W. Westcott, aparece "clay" (argila, barro). (N.E.)

Bohu. Do Ar e da Água emana o Número Quatro, o *Ether* ou o Fogo, o Filho. Este é o Quaternário cabalístico. Este Número Quatro, que no *Kosmos* manifestado é o *Um*, ou o Deus Criador, é para os hindus o "Ancião", *Sanat*, o *Prajāpati* dos *Vedas* e o *Brahmā* dos Brâmanes – o Andrógino celestial, tornando-se somente masculino depois de se separar em dois corpos, *Vāch e Virāj*. De acordo com os cabalistas, ele é, a princípio, *Jah-Havah*, somente mais tarde tornando-se *Jehovah*, como *Virāj*, seu protótipo (SD III 181/V 189 – DS V 180).

É evidente que este Número Quatro não é o *Ether* ou o *Aether*, o quinto princípio do 'corpo do *Kosmos*' (CW X 364), mas o *Aether* ou *Ākāsha*, o sétimo princípio cósmico *(Adam Kadmon* ou *Avalokiteshvara)*. O Número Três, a Água, é idêntico a *Sephira*, a substância primordial homogênea, a Face das Águas, 'as Águas Primordiais do Abismo, ou a abertura para a recepção, e subseqüentemente para o surgimento, daquele Raio Uno (o Logos) que contém em si os outros Sete Raios ou Potências Criadoras (os *Logoi* ou os Construtores)' (SD I 80/I 108/I 146 – DS 136). Quanto ao Ar (o Número Dois), na passagem acima do *Sepher Yetzirah*, é a energia (ou a

Luz) do Primeiro Logos, isto é, *Shekinah*[1].

O Ar, a Água e o Fogo são os três elementos primordiais da Cabala e do Ocultismo (SD I 218 nota 1ª, 346/I 239, 369/I 265, II 60 – DS I 255, II 53). São representados por *aleph*, *mem* e *chine*, as três 'letras raízes' do alfabeto hebraico, e constituem os *shaktis* do Primeiro, Segundo e Terceiro *Logoi*, as 'Três Mães' do *Sepher Yetzirah*. Essas Mães, das quais nascem os três Pais

---

1 Como explicado em nota anterior, Mme. Blavatsky usa a palavra *Shekinah* em dois sentidos diferentes. Subba Row estabelece uma distinção entre a Luz do Logos *(Shekinah)* e a Alma do Mundo, o sexto princípio cósmico que, como alguns ocultistas ocidentais, ele denomina a Luz Astral. *Parabrahman*, diz ele, pode ser encarado como sendo formado, como o homem, de um princípio supremo, *Ātmā*, um *Kārana sharīra*, a sede de sua individualidade mais elevada, um corpo astral ou *sūkshma sharira* e finalmente um corpo físico ou *sthūla sharīra.* O cosmo inteiro, constituído por inumeráveis sistemas solares, 'pode ser chamado o corpo físico de *Parabrahman* uno'. O Logos 'abstrato' (o Primeiro Logos) será então o *Kārana sharīra*, enquanto que *Ātmā* será o próprio *Parabrahman.* Mas 'esta luz, que é o *sūkshma sharīra* de *Parabrahman*, não deve ser confundida com a luz

também chamados o Ar, a Água e o Fogo (*Sepher Yetzirah* VI, I), isto é, os três *Logoi* (que são ao mesmo tempo seus filhos e esposos), são ainda as *'Tres Matres'* herméticas, as 'Três Primeiras Propriedades da Natureza' de Jacob Boheme e as 'Três Mães' do *Fausto* de Goethe (CW IX 290; SD III 71/V 88 – DS V 79). E ainda esses três elementos primordiais são idênticos à Luz, ao Calor e à Eletricidade (SD III 71/V 89 – DS V 79), os dois primeiros constituindo *'Parashakti'*, a primeira das seis forças na Natureza (SD I 292/I 312/I 333 – DS I 321). São também três das sete Forças chamadas os 'Filhos de *Fohat*' (SD III 507/V 484 – DS VI 145, 146) e simbolizadas pela cruz sétupla (SD II 562/II 593/IV 132 – DS IV 132), assim como por três dos quatro aspectos do Fogo divino dos 'Filósofos do Fogo' (isto é, dos hermeticistas[1] e alquimistas da Idade Média e dos rosacru-

---

astral', porque esta última (a Alma do Mundo) é somente uma subdivisão do nosso sistema solar, que é, ele próprio, apenas uma porção relativamente pequenina do imenso corpo físico de *Parabrahman* E todos os planos do nosso sistema solar são objetivos em relação à Luz do Logos ou *Shekinah* (o aspecto *in abscondito* de *Sephira*) (PBG 30, 99, 100).

1 Hermeticistas – Filósofos Herméticos (N.E.)

cianos), a saber: mente (luz), vida (calor) e forças *kâmicas* ou moleculares (eletricidade) (GT art. Filósofos do Fogo).

No mito hindu, o andrógino *Brahmā (Adam Kadmon*, o Homem Celestial) divide-se em duas partes, uma masculina, que é o próprio *Brahmā*, e outra feminina, que é *Vāch*, na qual ele então cria '*Virāj*, que é ele próprio' (SD I 137/I 161/I 194 – DS I 183: IU II 111); 'mas numa escala inferior' (SD III 162/V 190 – DS V 181, 182), *Brahmā, Vāch* e *Virāj* correspondem respectivamente a *Kether* (ou *Sephira), Chokmah* e *Binah*, assim como aos três primeiros planos cósmicos. Esta é a trindade que Mme. Blavatsky pretende indicar sob os nomes de o Espírito, a Voz e o Verbo, assim como pelos termos Cor, Som e Números (CW X 406).

Como *Virāj, Binah* é, esotericamente, 'natureza material', em outras palavras, o mundo objetivo produzido pela diferenciação de *Brahmā*, que não é outro senão o Universo em um estado ideal e abstrato (GT art. *Brahmā*). Na *Revelation (Apocalipse* XII), *Binah* é representada pela 'mulher com a criança' (símbolo do Universo no processo de manifestação). O Dragão que procura devorar a criança no seu nascimento é 'o Dragão da Sabedoria Absoluta: a Sabedoria que, reconhecendo a não separatividade do Universo e tudo que nele há do TODO Absoluto, vê nele não mais que a grande Ilusão, *Mahāmāyā*, portanto, a causa da miséria e do sofrimento' (SD II 384 3ª nota/II 401 3ª nota/III 383 nota 3 – DS III 402 nota 102). Este Dragão não é, entretanto, *Satan*, mas o símbolo da '*Sabedoria Esotérica* que se opõe à criança nascer da "mulher" (o Universo), porque esta criança é a humanidade, logo, ignorância e ilusão. Mas Miguel e seus anjos... lutam contra o Dragão vencendo-o, e a criança da matéria nasce. O "Dragão" da sabedoria esotérica cai de novo, na verdade, nas trevas' (CW VIII 148; IU II 489; SD II 93 2ª nota/II 98 3ª nota/III 102 nota 3 – DS III 108 nota 30).

Os três planos superiores do cosmo são mundos divinos onde não existe sensação de separação entre os seres. É lá que moram as três classes *arūpa* dos 'Filhos do Fogo', os 'Sete primeiros' do nosso sistema solar, as últimas quatro classes sendo *rūpa*. Os Seres da primeira classe *arūpa* emanaram da 'chama Primordial' (o Terceiro Logos, *Adam Kadmon*) e são espirituais demais para criar. Poderiam apenas 'dar nascimento a seres "nascidos da mente", seus "Filhos"... um grau mais material', e esses, por sua vez, emanariam os seres da terceira classe (que corresponde a *Binah*). São essas entidades somente que poderiam produzir seres que se tornaram objetivos e possuidores de uma forma (CW VI 191), desta maneira dando nascimento à primeira das classes *rūpa*.

É através dos habitantes dos mundos *arūpa* que a 'Mente Universal entra em ação'. Cada um é 'contido numa individualidade maior' e cada um contém em si outros seres (SD I 38/I 70/I 112 – DS I 102) que ele desperta para a vida consciente, completando assim sua missão que é 'multiplicar'. Observe que esta multiplicação é, na realidade, a divisão de uma unidade sintética. De acordo com os pitagóricos, a unidade, o símbolo do Divino, era superior a todos os números e incluía todos eles. Para eles, unidade não tinha plural. A numeração não começava, como é entre nós, pela adição ou multiplicação da unidade, mas por sua divisão.

Mme. Blavatsky identifica o *Christos* dos gnósticos com o Homem Celestial. Ela afirma, de fato, que o Logos é '*Purusha*, *Ahura Mazda*, Osíris etc., e finalmente o *Christos* gnóstico, que é, na Cabala, *Chokmah*' (SD II 703 nota/II 743 2ª nota/IV 273 nota 2 – DS IV 274 nota 26). E diz também que '*Adam Kadmon*, *Hermes*, *Enoch*, *Osíris*, *Krishna*, *Ormazd* ou *Christos* são todos um' e que eles 'estão como *Metatrons* entre o corpo e a alma' (IU II 454), comparando todos dessa maneira a *Jehovah*, isto é, a *Binah* e *Eva*, que não são outros que *Jehovah* (IU II 268), porque este último, ela diz, 'é apenas o *Metatron*... um dos *Elohim*, que era encarregado da *formação* (que não é criação) do Universo, um dos arquitetos que construíram da matéria pré-existente' (IU II 400, 401), em outras palavras, uma das potências secundárias que molda o mundo material (os quatro planos *rūpa*).[1]

A explicação desta contradição aparente é que na realidade eles são os mesmos 'eternos espíritos que redimem a carne pela regeneração da carne *embaixo* e a alma pela regeneração *em cima*, onde a humanidade caminha uma vez mais com Deus' (IU II 454) pois 'a Vida Espiritual é o princípio primordial uno *em cima;* a Vida Física é o princípio primordial *embaixo*, mas eles são unos em seu aspecto dual' (IU II 402). É por isso que,

---

1 *Jehovah* é, portanto, considerado como uma 'divindade secundária', 'o demiurgo e *arquiteto* do mundo', assim como *Brahmā* (o masculino, não o andrógino, este último sendo idêntico a *Adam Kadmon*, o Homem Celestial), que 'nas suas representações alegóricas tem quatro cabeças, correspondendo aos quatro pontos cardeais, isto é, aos quatro níveis cósmicos inferiores (IU I 91).

embora 'em cima' seja o princípio primordial da Vida Espiritual (*Adam Kadmon* ou *Avalokiteshvara*), 'embaixo', '*Shiva, Jehovah, Osíris*, são todos os símbolos do princípio ativo na natureza *par excellence*. São as forças que presidem na formação ou *regeneração* da matéria e na sua destruição. São os modelos de Vida e Morte, sempre se fecundando e se decompondo sob o influxo nunca cessante da *anima mundi*, a Alma intelectual Universal, o espírito invisível, mas sempre presente, que está por trás da correlação das forças cegas' (IU II 402).

É por isso que se diz ser *Virāj* idêntico (mas num nível inferior) a *Brahmā*, o Homem Celestial: 'O Logos grego, o Messias hebreu, o *Verbum* latino e o *Virā*j hindu (o Filho) são identicamente o mesmo.' Eles são, na realidade, legiões de seres celetiais: '*Christos*, como uma unidade, é apenas uma abstração', uma vez que simboliza 'as inúmeras entidades espirituais que são as emanações diretas da infinita, invisível, incompreensível CAUSA PRIMEIRA'. Essas entidades são 'os filhos divinos de Deus, dos quais alguns animam homens mortais (a maioria), outros permanecem para sempre espíritos planetários e alguns (a minoria, rara e menor) se unem, eles próprios, durante a vida, com alguns homens' (IU II 158, 159).

São estes seres celestiais que Mme. Blavatsky designa pelo termo genérico de *'Dhyān Chohans'* (SD I 106/I 132/I 167 – DS I 155; CW X 340, 343), um sinônimo do termo tibetano *Lhas* do qual é derivado Lhassa, o nome da capital do Tibete (GT art. *'Lha'*). Todas essas entidades são seres super-humanos que 'ajustam e controlam a evolução' (SD I 22/I 49/I 86 – DS I 88; SD II 22/II 25/III 35 – DS III 39). Quando o homem evoluir suficientemente até alcançar o Nirvana, 'tornar-se-á um *Dhyān Chohan.* A condição de um *Dhyān Chohan* é atingida no curso normal da Natureza depois da conclusão da 7ª ronda na atual cadeia planetária. Depois de se tornar um *Dhyān Chohan*, um homem não encarna mais... Todo o sistema solar é seu lar. Continua a cumprir seus deveres no Governo deste sistema solar até o tempo do *Pralaya* Solar, quando sua mônada, depois de um período de repouso, terá de animar em outro sistema solar, um ser humano particular em suas encarnações sucessivas e se ligar, ele próprio, a seus princípios superiores, quando se tornará, por sua vez, um *Dhyān Chohan*' (CW VI 248). Assim, no próximo grande *Manvantara*, 'os homens do nosso próprio Ciclo de Vida (tornar-se-ão) os instrutores e guias de uma Humanidade cujas Mônadas podem estar agora ainda aprisionadas – semiconscientes – nos espécimes mais inteligentes do reino animal (SD I 267/I 288/I 310 – DS I 299). 'Os melhores entre nós, no futuro, serão *Mānasaputras*; os inferiores serão *Pitris*' (SD III 559/V 532 – DS VI 193)[1].

Os *Dhyān Chohans* que velam a maior parte da humanidade são os '*Kumāras*' ou '*Mānasaputras*' (os Filhos da Mente). Estes são os 'Anjos Caídos', citados na maior parte das religiões, e que foram *obrigados pela lei do karma e da evolução a renascer*, ou encarnar, na Terra' (SD II 93/II 98/III 102 – DS III 108). Esses *Dhyān Chohans* que habitam o terceiro plano *arūpa* pertenceram à Humanidade do sistema solar precedente. No fim daquele *manvantara* solar, 'atingiram o Nirvana', mas não foram capazes de passar além do terceiro mundo *arūpa*. Eles devem, portanto, devido a este insucesso (relativo), continuar seu progresso no atual sistema solar, sendo obrigados pelo *karma* a permanecer em contato com o mundo material a fim de ajudar nossa Humanidade, precisamente como eles próprios, quando estavam no nível humano, foram assistidos por Seres superiores a eles.

---

1 Isto significa que os primeiros serão comprometidos com a evolução intelectual da futura humanidade e os últimos com sua evolução física (ver próximo capítulo, *Prometheus*).

Entretanto, como são por demais 'espiritualizados para serem jogados de volta forçosamente de sua condição "Dhyanchohânica" no vórtice de uma nova evolução primordial através dos reinos inferiores, acontece então o seguinte: quando um novo sistema solar está para se desenvolver, estes *Dhyān Chohans*... nascem pelo influxo "na frente" dos elementais e permanecem como uma força espiritual latente ou inativa na aura do mundo nascente... até o estágio de evolução humana ser alcançado... Então se tornam uma Força *ativa* e se misturam com os Elementais, ou as *entidades* adiantadas do reino animal refinado, até desenvolver pouco a pouco o tipo completo da humanidade. Nessa mistura perdem sua inteligência superior e espiritualidade da condição dévica para readiquiri-las no fim de... a sétima ronda' (ML 86). Eles constituem a 'classe de *Devas*, simbolizada na Grécia com o nome de Prometheus' (SD II 95/II 99/III 103 – DS III 109). Seu lugar é no segundo degrau na escada evolucionária, entre os *Anupādaka* e o homem; e, no nível da Mente Superior, preservam 'sua inteligência e espiritualidade como *Devas'*, o que permite a esses 'Divinos Rebeldes' tomar a si o papel de Anjos Guardiães da Humanidade. Os seres com os quais se unem são a humanidade atual cujo nível, no começo da 'união', era aquele dos Elementais Superiores (seres intermediários entre homens e animais. – GT art. *Djati*), um estágio que será alcançado nas Raças sexta e sétima de nossa quarta Ronda pelos atuais antropóides. Estes, então, serão providos com 'formas humanas astrais[1] antes de se encarnarem fisicamente nas formas humanas mais inferiores da Quinta Ronda.' (SD I 184/I 207/I 236 – DS I 225).

1 Lembrar que H.P.B. usava o termo astral para designar o duplo etérico. (N.E.)

PROMETHEUS

Os 'Anjos Rebeldes', aqueles que, desde a última parte da terceira Raça (SD I 180/I 203/I 232 – DS I 223) estão assim estreitamente ligados à nossa humanidade, são chamados os 'Filhos de *Mahat*' porque são 'emanações diretas da Ideação divina.' Coletivamente, são 'aquela Ideação, tornam-se em nosso plano, ou do nosso ponto de vista, *Mahat*, assim como os *Dhyān Chohans* constituem, no seu conjunto, o VERBO ou o Logos' (CW X 252; SD II 103/II 108/III 111 - DS III 117). Idênticos aos '*Chitlkalas*' dos hindus (SD I 288 nota/I 308/I 330 – DS I 318; GT art. *Chitkala*) e aos *Ashvins* dos *Vedas* (SD II 605/II 640/IV 177 – DS IV 175), 'os *gêmeos*, que são, na filosofia esotérica, os Egos-*Kumāra* (GT art. *Aswins*), dão ao homem a 'essência que mais tarde se torna o ''*Self*'' Superior humano pelo *esforço pessoal do indivíduo*' (SD II 95/II 99/III 104 – DS III 109). Longe de serem os gênios do mal, estes Rebeldes e

'Anjos Caídos' são, pelo contrário, os benfeitores da humanidade. Na antiga Pérsia eram representados por *Ahriman*, o que 'destrói o Touro criado por *Ormazd* – que é o emblema da vida *ilusória* terrestre, o "germe da dor" – e, esquecendo que a semente finita perecível deveria morrer para que a planta da imortalidade, a planta da vida eterna, espiritual, brotasse e vivesse, *Ahriman* é proclamado o inimigo, o poder oponente, o Demônio'. Similarmente, no mito egípcio, '*Typhon* corta *Osíris* em catorze pedaços, para prevenir que ele povoe o mundo e, por conseguinte, crie miséria; e *Typhon* se torna, no ensinamento teológico exotérico, o Poder das Trevas'; no entanto, ele simboliza Seres Espirituais que, por se sacrificarem, 'ajudam os homens em direção ao seu estado original de divindade através de esforços *autoconscientes*' (SD II 93/II 98/III 102 – DS III 107, 108), porque *Typhon*, como Hermes, é ao mesmo tempo o '*aspecto tenebroso* de *Osíris*' (o que significa que ele é este Deus quando submergido na matéria) e também o 'Deus da Sabedoria'. É idêntico ao Dragão do Apocalipse, que ataca a 'mulher com a criança', com '*Apophis*, o Dragão morto por Horus' (SD II 380/II 398/III 379 – DS III 399) e com *Python*, o 'Dragão Demônio' dos gregos, que ataca a mãe de Apolo antes do nascimento do Deus. Apolo é 'a Luz e a Vida', mas apenas do mundo material, onde apenas encontramos o prazer dos sentidos, não da alma' (SD II 383 1ª nota/II 400 2ª nota/III 382 nota 1 – DS III 401 nota 97). *Typhon* é o homólogo de *Tāraka*, o 'Demônio *muito santo e muito sábio*' dos hindus, morto por *Kārttikeya*, 'o protótipo de São Miguel e São Jorge, tão certamente como *Indra* é o protótipo de *Kārttikeya*' (SD II 382 5ª nota/II 400 1ª nota/III 381 nota 6 – DS III 400 nota 96), pois *Indra* mata também um 'Demônio-Serpente', *Vritra* ou *Ahi* (SD II 382/II 399/III 381 – DS III 400).

O *Kumāra* ou *Asura* é o 'Ego Superior ou *Christos*, o deus dentro de nós', o Anjo Gabriel, o 'mensageiro da vida' (GT art. Gabriel; SD III 566/V 539 – DS VI 200). 'O Ego Superior no seu próprio plano é o *Kumāra*' (SD III 590/V 563 – DS VI 221). Em Sócrates era seu *Daemon*, aquela 'coisa espiritual que o colocava no caminho da sabedoria' (IU II 283), seu '*nous* ou o Ego divino racional' (GT art. *Daemon*; IU II 284). No esoterismo egípcio, era o 'coração ancestral', o 'companheiro divino' a quem o Defunto supunha se dirigir numa fórmula mágica, implorando-lhe para não se separar dele, e que era 'o princípio reencarnante, o Ego permanente' (SD I 220/I 240/I 267 – DS I 256).

Os *Kumāras* ou *Agnishvāttas* (SD II 411/II 430/III 410 – DS III 429) são os Filhos nascidos da Mente de

Brahmā, ou *Shiva*. São a 'progênie de *Shiva, o Mahāyogi*, o grande patrono de todos os yogues e místicos da Índia' (SD I 459/I 495/II 178 – DS II 167). Porque *Shiva*, 'o Destruidor, é o Criador e Salvador do Homem Espiritual'; ele mata as paixões do homem físico para trazer à vida as percepções do homem espiritual' (SD I 459 e nota/I 495/II 178 – DS II 167). Os *Kumāras*, 'os Devas Solares ou *Pitris Agnishvātta* são os 'doadores da inteligência e da consciência' que dirigem a evolução 'Intelectual' do homem. Outros *Dhyān Chohans* mais elevados estão relacionados com a evolução 'Monádica' da humanidade, guiando 'o crescimento e o desenvolvimento para fases de atividade ainda mais elevadas das Mônadas' (SD I 181/I 204/I 233 – DS I 223).

Prometheus amarrado a um rochedo no Cáucaso é o símbolo do *Kumāra* ligado a um ser humano particular que é muito mais inferior que ele, através de uma série completa das reencarnações do homem. Para o *Kumāra*, a conseqüência é uma tortura, que é 'a verdadeira crucificação do *Christos* – o mais abstruso, e ao mesmo tempo, o mais importante mistério do Ocultismo; o ciclo todo de nossas vidas se prende a ele' (SD III 579/V 552 – DS VI 221). Prometheus, entretanto, como mostra seu nome, que significa 'o que vê diante dele' (SD II 413/II 431/III 411 – DS III 431), conhecia seu destino de antemão. Ele previu claramente o sofrimento que estava reservado para ele pela dádiva que iria fazer à humanidade, o dom de *Manas:* "A dádiva de Prometheus tornou-se, então, uma Maldição – embora *previamente conhecida e pressentida* pela Legião personificada naquele personagem, como seu nome bem demonstra' (SD II 420/II 439/III 418 – DS IV 438). *'Claramente eu prevejo* tudo o que deve acontecer', diz o Titã no *Prometheus Encadeado* de Ésquilo (SD II 420 nota/II 439 1ª nota/III 418 nota – DS III 438). Por salvar o homem da 'escuridão mental', Prometheus infligiu-lhe as torturas da autoconsciência de sua responsabilidade – o resultado do seu livre arbítrio. 'Esta tortura Prometheus aceitou para ele' (SD II 421/II 439/III 419 – DS III 439).

Os *Kumāras* constituem a quinta Hierarquia ou Ordem das Potências Criadoras, relacionada com o signo zodiacal de Capricórnio, assim como com *Manas*, o quinto princípio humano, representado pelo pentagrama, a estrela de cinco pontas (SD I 219, 220/I 239, 240/I 266, 267 – DS I 255, 258), porquanto Prometheus simboliza o 'aspecto divino de *Manas* submergindo na matéria e aspirando *Buddhi*' (SD II 419/II 438/III 417 – DS III 437). Os *Kumāras*, cada um dos quais é 'um pilar de Luz', não são 'Egos humanos desta terra ou plano'. Eles 'se tornam assim somente a partir do momento em que animam o Homem Animal, fornecendo-lhe, assim, sua Mente Superior' (SD III 494/V 472 – DS VI 134). Pouco a pouco, sob a influência desta Mente Superior, o *Manas* do 'Homem Animal' passa do estado latente ao ativo, dando nascimento a um intelecto muito inferior ao que vem do *Kumāra*, mas que é seu próprio. A fusão da mente fornecida pelo *Kumāra* com esta inteligência inferior, pode ser comparada à união de dois raios de luz. As Mônadas são, com efeito, como raios nascendo do 'Princípio *absoluto* universal uno. A entrada de um raio de sol, seguindo outro através de uma mesma abertura num quarto escuro, não constituirá *dois* raios, mas um raio intensificado' (SD II 167/II 176, 177/III 175 – DS III 185). Entretanto, como resultado desta fusão, o raio emitido pelo *Kumāra* perde algo de sua luminosidade: 'sua (isto é, a do homem-anjo) espiritualidade primordial é eclipsada e obscurecida pela mentalidade humana nascente' (SD I 189/I 212/I 240 – DS I 230)[1].

---

1 Este processo de velamento de consciência, que já aconteceu no decurso da terceira Ronda, é, pela lei da analogia, 'quase exatamente repetido na terceira Raça-Raiz da Quarta Ronda', em cuja Raça os *Kumāras* 'encarnam no homem' (SD I 189, 188/I 211, 210/I 240, 239 – DS I 230).

Prometheus se sacrifica 'para beneficiar, por esse meio, pelo menos uma parte da humanidade' (SD II 421/II 439/III 419 – DS III 439). Os *Dhyān Chohans* que ele representa ajudam os homens de uma maneira diferente, algumas vezes penetrando totalmente em alguns indivíduos, cuja evolução mental recebe, portanto, um poderoso estímulo (mas isto é uma ocorrência rara) e dando a outros somente seus 'reflexos' (SD II 318 2ª nota/II 332 2ª nota/III 318 nota 2 – DS III 336 nota 9), uma mera centelha de seu *Manas* divino. Outros indivíduos nem mesmo uma centelha recebem. Isto 'explica a grande diferença entre as capacidades intelectuais dos homens e das raças' (SD II 103/II 108/III 111 – DS III 117). A humanidade é, na verdade, 'obviamente dividida em Deuses encarnados em homens e criaturas humanas inferiores. A diferença intelectual entre os arianos[1] e outras nações civilizadas e alguns selvagens, como os habitantes das Ilhas dos Mares do Sul, é inexplicável em quaisquer outras bases'. Treino mental algum 'poderia elevar tais espécimes humanos, como os bosquímanos, os *veddhas* do Ceilão e algumas tribos africanas, até o

---

1 Ariano, referindo-se aos pertencentes à 5ª Raça Raiz, no sentido usado por H.P.B. em *A Doutrina Secreta.* (N.E.)

nível intelectual dos arianos, dos semitas e dos chamados turanianos. A "Centelha Sagrada" está faltando neles'. Além disso, essas tribos inferiores estão 'rapidamente se extinguindo' (SD II 421 1ª nota/II 439 2ª nota/III 419 nota 1 – DS III 439 nota 204).

O Fogo do Céu roubado por Prometheus é o 'Fogo por Fricção', *'Pavamāna'* (uma palavra sânscrita significando 'purificador'), o Fogo dos *Asuras* (SD I 521/I 567/II 245 – DS II 233), pelo qual é efetuada 'a união entre *Buddhi*, o sexto, e *Manas*, o quinto "princípios", que assim são unidos e cimentados juntos, o quinto fundindo parcialmente e se tornando parte da Mônada' (SD II 247/II 258/III 250 – DS III 265). Os *'Pitris Barhishads'*, os 'Anjos que, nas lendas exotéricas, obedeceram à lei', e seus auxiliares, os Espíritos da Natureza, só poderiam dar ao homem sua 'forma externa, porque não possuíam este Fogo 'purificador' (SD II 95/II 99/III 104 – DS III 92). Esses 'Espíritos Lunares, mais proximamente relacionados com a Terra, tornaram-se os *Elohim* criadores da forma, ou do Adão de barro" (SD II 78/II 81/III 87 – DS III 92), porque seus Fogos, *Pāvaka* e *Shuchi*, são o 'Fogo Elétrico-Animal e o Fogo Solar que criam apenas animais' (SD II 102/II 107/III 111 – DS III 116). Esses *'Pitris* Lunares' (os Pais ou Ancestrais Lunares) são, portanto, seres inferiores aos *Kumāras*. Sua função está relacionada com a evolução 'Física' da humanidade (SD I 181/I 204/I 233 – DS I 223), e seus 'Fogos' nada mais são que os aspectos inferiores do Fogo dos 'Filósofos do Fogo', isto é, a vida (ou calor) e as forças *Kâmicas* ou moleculares (ou eletricidade), o aspecto superior, a mente ou a luz, sendo *Pavamāna* o 'Fogo dos *Asuras*' (GT art. Filósofos do Fogo).

O TETRAGRAMMATON

Os *Barhishads* constituem uma classe dos Anjos *rūpa* que, no *Yetzirah*, o Mundo Formativo da Cabala (CW VIII 145), constroem o mundo material, de acordo com o plano que encontram em *Mahat*, a Mente Universal e o verdadeiro Arquiteto do Universo, de quem são apenas aspectos ou 'tipos diferenciados' (CW X 342). Como foi dito por Santo Agostinho a respeito dos Anjos do Cristianismo, esses poderes criadores percebem todas as coisas em seus pensamentos antes destes serem projetados e se tornarem concretos no mundo visível; isto se faz pela energia de *Fohat*, a energia divina à qual esses Anjos devem seu poder (SD III 203 nota/V 209 nota – DS V 199 nota 7).

Esses Poderes criadores[1] correspondem aos sete

---

1 Esses Poderes constituem, na sua totalidade, 'o Júpiter quádruplo, assim como o *Brahmā de quatro faces*, o Deus aéreo,

últimos *Sephiroth* da Cabala e aos quatro planos cósmicos inferiores (os quatro pontos cardeais), cuja totalidade é representada por '*Microprosopus*, a Pequena Face ou o *Tetragrammaton*, o Mistério de "quatro-letras" ' (SD I 239, 240/I 260/I 285 – DS I 273). Por ser produzido pela tríade *Sefirotal* mais elevada 'que desce na matéria' (CW X 355), o *Tetragrammaton*, simbolizado pela estrela de seis pontas sem círculo circundante e pela linha vertical da cruz (CW VIII 155; X 61; SD II 557/II 588/IV 127 – DS IV 127), só pode manifestar o que já está nos mundos *arūpa*[1].

---

o fulgurante, o terrestre e o aquático, o senhor e dono dos quatros Elementos' (isto é, os mais inferiores) e dos quatro planos *rūpa* do cosmo (SD I 464/I 502/II 184 – DS II 172).

1 A estrela de seis pontas representa, portanto, os *Barhishads*, que são parte do *Tetragrammaton*, enquanto que o pentagrama ou pentaclo é o signo dos *Kumāras*. É por isso que Eliphas Levi, que cita Paracelsus sobre o assunto, diz que o pentagrama é 'ainda mais poderoso' que o Selo de Salomão, porque ' expressa o domínio do espírito sobre os elementos' e encadeia os espíritos dos quatros elementos, impressionando-os com 'respeito e temor' (*Dogme et Rituel de Haute Magie*, I 166, 167, 178, 179).

Notemos aqui a ilusão da espontaneidade aparente ou a independência do nosso pensamento. Só se manifesta num nível inferior, o que já existe num nível superior: 'Imaginação humana alguma poderia ver qualquer coisa além do que existe impressa em algum lugar na substância eterna. Imaginar que um cérebro humano possa conceber algo que nunca foi concebido antes pelo "cérebro universal" é uma ilusão e uma suposição fantasiosa' (CW I 268). Portanto, como diz um dos discípulos de Sri Aurobindo, o homem dá voltas e mais voltas na sua prisão, acostumado a selecionar da Mente Universal um certo tipo de vibração, embora limitada, com a qual ele tem afinidade e, no fim de sua vida, permanecerá no mesmo comprimento de onda e reproduzirá a mesma vibração, com palavras mais ou menos sonoras e maneiras de expressões mais ou menos modernas (Satprem, *Sri Aurobindo or The Adventure of Consciousness*, 54).

Em cima, 'o Filho é o *Kosmos* total; embaixo é a HUMANIDADE' (CW X 356; SD I 60/I 90/I 129 – DS I 120), porque, descendo na escala dos mundos, o *Tetragrammaton* (o 'Filho') torna-se 'mais e mais material' (CW X 357). Os seres que, coletivamente, constituem este *Tetragrammaton* inferior, são subordinados aos Construtores mais elevados que dirigem e supervisionam o trabalho deles (SD II 23/II 26/III 36 – DS III 40). Constituem o 'Progenitor de nossa Humanidade' (SD I 128/I 153/I 186 – DS I 176), a terceira classe dos 'Cosmocratas', os que modelam a matéria cósmica (CW X 341), o primeiro grupo que reconstrói o sistema solar inteiro, após o *pralaya*, enquanto que o segundo grupo é 'o Arquiteto da nossa Cadeia Planetária' (o sistema de mundos formado pelo nosso planeta e seis outros globos de graus mais ou menos sutis de matéria) (SD I 128/I 153/I 186 – DS I 176).

É por causa desse significado humano do *Tetragrammaton* que Mme. Blavatsky considera-o como o 'símbolo da humanidade, uma mistura de bom com uma porção de mal inevitável, de espírito caído na matéria'. Adorá-lo seria adorar a Natureza, 'como é encarnada no homem, meio espiritual e meio material' (IU II 268, 269). O 'Progenitor de nossa Humanidade', sendo somente o 'modelador' da 'forma material e etérica' do homem, fornece a ele somente o corpo físico e o duplo etérico (SD III 204/V 210 – DS V 199). O ser humano deve seus princípios superiores a Seres Espirituais muito mais elevados.

Os filósofos da antigüidade consideravam nosso globo como um pequeno Universo dentro de um maior, como um microcosmo dentro de um macrocosmo; tendo esses termos o mesmo significado dado pelos cabalistas ao *Microprosopus* e ao *Macroprosopus* (CW VII 284). Eles vêem o homem como o produto dos dois, recebendo sua parte espiritual do macrocosmo e sua constituição material do microcosmo. Foi somente da Idade Média para cá que o homem começou a ser chamado o microcosmo (SD I 283 2ª nota/I 304 3ª nota/I 326 nota 1 – DS I 314 nota 14).

A Luz Astral, o segundo princípio universal e o aspecto inferior da Alma do Mundo (o sexto princípio cósmico), é um dos mundos que compõe o *Tetragrammaton* quando considerado na escala do cosmo. Mme. Blavatsky chama-o, algumas vezes, de o *'Linga Sharīra'* da Terra (SD III 500/V 477 – DS VI 139). Não é, entretanto, composto de matéria etérica, como o *'linga sharīra'* do homem, mas de matéria astral. Na verdade, Mme. Blavatsky algumas vezes chama-o a 'Serpente-Tentadora do inferno' (CW X 384; SD I 74/I 103/I 140, 141 – DS I 131, 132). Assim sendo, o último não é outro senão a 'Sala de Aprendizagem' (VS fragmento I, afor. 26), que é, portanto, idêntico à Luz Astral e que Leadbeater diz ser o plano astral e, sem dúvida, o plano mental inferior também *(Talks on the Path of Occultism* II 74,75). Em todo caso, a Luz Astral não poderia ser composta de matéria etérica, pois o homem nada poderia aprender em tal ambiente, porque normalmente nunca usa o duplo etérico como um veículo de consciência independentemente do seu corpo físico.

A Luz Astral é descrita como a 'Serpente-Tentadora do inferno' porque registra, como uma película sensível, todos os pensamentos desprezíveis e as emoções perniciosas descarregadas pela humanidade, e esses, como um bumerangue, reagem e tendem a fortalecer nossa natureza inferior, uma vez que a Luz Astral 'só dá o que recebeu.' Ela é o 'grande cadinho terrestre, no qual as vis emanações da Terra... convertidas em sua essência mais sutil' são 'mandadas de volta intensificadas' na forma de 'epidemias-moral, psíquica e física' (GT art. Luz Astral).

A ASCENÇÃO ESPIRITUAL

Como vimos anteriormente, enquanto que os *Pitris Barhishads* e os *Kumāras* dirigem, respectivamente, as evoluções física e intelectual do homem, os *Dhyāni-Buddhas* estão relacionados com a evolução monádica (SD I 181/I 204/I 233 – DS I 223), entrando em relação com ele através de sua tríade superior (*Ātmā-Buddhi-Manas*) (CW X 341, 343). Com a ajuda desses Seres poderosos, o indivíduo progride ao longo do '*Antahkārana*', o 'elo entre a Mente Superior e a Inferior' (SD III 545/V 518 – DS VI 181). 'Paralisando sua personalidade inferior e chegando assim ao pleno conhecimento da *não separatividade* entre o *Self* Superior e o *Self* Absoluto Uno', o homem torna-se finalmente um *Dhyān Chohan*, um 'agente das Leis *Kármica* e Cósmica' (SD I 276, 274/I 297, 295/I 319, 318 – DS I 307, 306).

Embora o *Antahkārana* seja um caminho espiritual que conecta o *Manas* inferior (a consciência cerebral de nossa personalidade) ao *Manas* superior (a consciência do Eu Superior), tem contudo sete subdivisões. É galgando estes degraus que nos aproximamos do *Manas* Superior, isto é, o Deus dentro de nós (SD III 546/V 519 – DS VI 181). Na evolução da consciência humana, esses degraus são, na realidade, estágios correspondentes aos *lokas* hindus.

Esses, assim como os seus opostos, os *talas*, não são mundos divinos e infernais, como é dito no exoterismo hindu. São tipos ou estados de consciência, equilibrados em sete pares de opostos. Essas duas séries de estados subjetivos são, por um lado (os *lokas*), uma escada ascendente levando a uma espiritualidade crescente, e por outro (os *talas*), uma escada descendente que termina em degradação moral e morte espiritual (SD III 568 diagrama V/V 541, 542 diagrama V – DS VI 202 diagrama V). 'Os sete degraus do *Antahkārana* correspondem aos *Lokas*' (SD III 570/V 543 – DS VI 203). Um homem pode se considerar afortunado, diz Mme. Blavatsky, quando transpôs o quarto desses degraus (SD III 546/V 519 – DS VI 181). Isto significa que conseguiu elevar sua consciência do '*Maharloka*' para o '*Janarloka*', isto é, alcançou o estado psicológico de alguém cujo 'Manas está inteiramente livre de *Kāma* e se torna uno com o Ego', em outras palavras, o 'Estado de

Kumāra (SD III 568/V 542: definição de *Janarloka* no diagrama V – DS VI diagrama II entre págs. 203 e 204). Dito de outra maneira, neste estágio de evolução o indivíduo livrou-se para sempre dos desejos inferiores e uniu seu *Manas* Superior ao *Manas* Inferior, tornando-se um *Dhyān-Chohan*.

Daivīprakriti, a 'Luz do Logos', 'eternamente benéfica em sua natureza', é, de acordo com Subba Row, incapaz 'de gerar quaisquer tendências que levem ao *bandham*, isto é, à escravidão. Tendências más são devidas aos *upadhis* ou veículos de consciência; pois esses corpos são meras manifestações de *Mūlaprakriti*. É aqui, portanto, em *Mūlaprakriti*, que a causa da escravidão nasce. Em completo contraste com isto, a Luz do Logos é 'o único meio pelo qual o homem pode atingir a união com o Logos, que é a fonte da salvação. Esta luz é o alicerce do lado melhor da natureza humana e de todas aquelas tendências de ação que levam geralmente à liberação dos laços de *avidyā* (ignorância) (PBG 74).

Recordemos que, para os pitagóricos, também a Díade, isto é, *Mūlaprakriti* (SD I 426/I 460/II 144 – DS II 134), era 'a origem do Mal ou da Matéria' (SD I 618/I 677/II 343 – DS II 330). Os pitagóricos, portanto, detestavam o Binário (SD II 574/II 607/IV 146 – DS IV 145) e, assim como os *Yogues*, se afastaram da matéria e se esforçaram por se unir ao Espírito, em outras palavras, ao Logos. Esse último é chamado o Bem por Mme. Blavatsky. Em correspondência com ele, ela coloca a *guna Sattva*, a qualidade, que quando predomina num indivíduo, o predispõe à ação harmoniosa. Assim, o Mal, que ela diz ser '*Prakriti*' (o sexto princípio cósmico, visto no seu aspecto negativo como matéria), ela faz corresponder a *Mūlaprakriti*, atribuindo-lhe a *guna Rajas*, a qualidade que incita à ação passional (SD III 444 diagrama I/V 426 diagrama I – DS VI 90 diagrama 1).

Chegamos agora ao fim desta breve análise de *A Doutrina Secreta*. Tentamos mostrar que o crescimento de tudo no Universo 'desde o sistema planetário ao vagalume e à singela margarida' (SD I 111/I 136/I 171 – DS I 160) foi efetuado por uma energia universal, *Fohat*, o 'Uno Veloz', filho dos sete Filhos Divinos, o 'Filho do Filho' (produzido de *Avalokiteshvara*), o 'Filho do *Aether* (de *Akāsha* ou o sétimo princípio cósmico) (SD I 111, 137, 138/I 136, 160, 161/I 170, 194, 195 – DS I 158, 183, 184; SD II 400 4ª nota/II 418 4ª nota/III 399 nota 4 – DS III 418 nota 158; CW X 334) e o 'Mensageiro da Vontade dos Sete Primordiais', porque esses o utilizam como seu veículo (SD I 108/I 133/I 168 – DS I 158). Esta energia se manifesta no cosmo como seis

Forças, representadas pelo signo zodiacal de Virgem e produzida por seis Hierarquias, pois cada uma delas tem 'uma *Entidade consciente* e viva na sua direção e é uma emanação dela' (SD I 292, 293/I 312, 313/I 333, 334 – DS I 321, 322). Essas seis Forças da Natureza, com a sétima, seu númeno, são Movimento, Som, Calor, Luz, Coesão, Eletricidade ou Fluido Elétrico e Força nervosa ou Magnetismo (SD III 507/V 484 – DS VI 145, 146).

Esta energia sétupla promove a manifestação do Universo que é feita em dois estágios. O primeiro é a 'criação primária' descrita em linguagem velada no primeiro capítulo do *Gênesis;* é durante esse período que aparecem os 'Deuses nascidos por si mesmos'. Termina quando o Espírito permeou até o mais minúsculo átomo dos sete Princípios do *Kosmos* (SD I 449/I 484/II 168 – DS II 157, 158; CW IX 237, 238). Depois de um *pralaya* ou período de repouso, durando cerca de 4.320.000.000 de anos (um dia de *Brahmā*, de acordo com a cronologia hindu), começa a 'criação *secundária* ou a do nosso globo, a do homem', à qual se refere o 2º capítulo do *Gênesis,* no seu sentido esotérico, e que resulta, em nosso presente mundo, a 'natureza física' (SD I 446–450/I 481–485/II 165–169 – DS II 154–158; CW IX 238). A criação secundária, portanto, é simplesmente a 'Evolução da Natureza visível manifestada' (SD II 59/II 62/III 70 – DS II 74).

O esboço precedente dos conceitos teosóficos principais pode levar talvez a um melhor entendimento do ideal do teosofista. Como diz um antigo axioma, o 'Poder pertence àquele que conhece'. Mas o conhecimento aqui em questão só pode ser adquirido por aqueles que 'tendo se livrado de todo preconceito e dominado a vaidade e o egoísmo humanos, estão prontos a aceitar toda e cada verdade uma vez demonstrada a eles' (SD III 1/V 25 – DS V 16). A meta do teosofista é precisamente esta: desenvolver o 'poder de compreender a verdade, de discernir o real do falso' (SD III 1/V 25 – DS V 16) e desta maneira adquirir a Sabedoria que lhe permitirá passar pela 'porta estreita' que leva ao Reino dos Céus (SD II 549/II 579/IV 119 – DS IV 119) e 'ficar *en rapport* (em relação) com a Alma Universal (*Ātmā*)' (SD III 1, 522/V 25, 497 – DS V 16/VI 158)[1]. Se cuidadosa-

---

1 A cruz *ansata* egípcia simboliza esse esforço para as alturas espirituais. É uma 'cruz na qual todas as paixões humanas têm que ser crucificadas' antes que o aspirante possa passar

mente estudada e *vivida*, a Teosofia proporciona um conhecimento sempre crescente do mundo espiritual, tornando-o, portanto, de acesso mais fácil.

---

pela 'porta estreita', representada pelo círculo acima da cruz. Essa abertura é, entretanto, um 'círculo estreito que se alarga num círculo infinito, assim que o Homem *Interno* tenha transposto o umbral' (SD II 549/II 579/IV 119 – DS IV 119).

A SENDA

Mas o homem não pode captar a espiritualidade unicamente na malha do seu intelecto, porque o intelecto é preocupado com o eu pessoal. E assim a Teosofia insiste para ele transcender a si mesmo e se aventurar mais adiante até os limites de sua alma, de modo a se tornar consciente da realidade interna. O conhecimento do seu verdadeiro *Self*, o qual, assim, gradualmente desperta as suas faculdades latentes, e estas, por sua vez, lhe permitem explorar de dentro o vasto campo de forças que é este Universo. Muitos são os que assim descobriram os segredos da natureza, pois a consciência humana é co-extensiva com o cosmo. Esta afirmação parece provavelmente menos presunçosa do que em épocas anteriores, agora que a distância foi conquistada por máquinas e foguetes e somos capazes, por meio de telecomunicações, de receber notícias das mais remotas partes do planeta, e até fotografias da superfície lunar.

O tantrismo afirma também a existência de imensos poderes latentes na alma humana. Esta *gnosis* oriental é uma reação contra o espírito de renúncia pregado nos *Upanishads* e no Budismo primitivo.[1] Permanece nas correlações (ou melhor, em uma real identidade) entre o Universo e o homem, a quem considera como um cosmo em miniatura. O adepto do tantrismo não faz qualquer tentativa para escapar do mundo enquanto procura o conhecimento que leva à salvação. Sua meta é tornar-se senhor não só de si mesmo mas também das forças cósmicas.

Deveríamos observar que um não acontece sem o outro. Mme. Blavatsky afirma que antes de atingir a liberação, o *yogue* deve controlar completamente *Kundalini*, a força que 'abrange as duas grandes forças de atração e repulsão' (SD I 293/I 312/I 333 – DS I 321).

---

1 É estranha tal afirmação, pois na base do "Tantra" está a prática da *Yoga*, com sua ênfase na purificação e no desapego. Ver *"Highest Yoga Tantra"* (Daniel Cozort, Snow Lion, USA) e *"Tantra no Tibete"* (Tsong-Ka-pa / Dalai Lama, Pensamento). (N.E.)

Subba Row igualmente afirma que os sete poderes ocultos no homem 'correspondem a, ou são as contrapartes das forças ocultas no macrocosmo'; e quando 'a barreira da individualidade é totalmente removida... os sete poderes no microcosmo são colocados *en rapport* com os sete poderes no macrocosmo' (EW 295). Assim também, os sete *chakras* ou plexos no corpo humano 'são os centros onde os Sete Raios do Logos vibram' e são governados pelos sete *chakras* mestres situados na cabeça (SD III 507/V 483, 484 – DS VI 145).

O ensinamento teosófico baseia-se no testemunho de Homens Sábios que, tendo alcançado o conhecimento de coisas neles próprios, não são obrigados a dizer como Kant: 'Eu tive que suprimir o conhecimento e colocar a crença no seu lugar'. É esta percepção secreta das tremendas possibilidades da alma humana que, desde tempos imemoriais, fez o homem mais ávido por mitos e mistérios e que, mais ou menos obscuramente, dá a muitos homens uma aspiração para uma vida mais nobre.

Dois caminhos conduzem às alturas espirituais: um caminho largo de progresso moral, efetuado pela grande maioria da humanidade, e a 'senda', o caminho do ocultista. Baseado em duras provas, este caminho permite a alguém concentrar em poucas vidas uma evolução que normalmente se estenderia por um grande número de encarnações. Este caminho difícil é destinado apenas a uma minoria de voluntários que, por um despertar apressado de seus poderes ocultos e conhecimento esotérico crescente, os qualificam para um crescente e eficiente 'serviço' dirigido à humanidade. Eles são ajudados, na sua tentativa corajosa, pelos Iniciados, os *'Jīvanmuktas'* ('liberados ainda em vida') que renascem repetidas vezes por amor, 'pelo bem da humanidade, que teria ainda que lutar menos esperançosamente nas malhas da ignorância e da miséria, se *não fosse por esta ajuda extraordinária'* (SD II 615/II 651/IV 187 – DS IV 185).

Um teosofista, diz Mme. Blavatsky, é qualquer pessoa de boa vontade que, com uma inclinação natural para metafísica, estuda o ensinamento teosófico, que 'é de vida pura, não egoísta, que acha mais prazer em ajudar o seu vizinho do que em receber ela própria ajuda; que está sempre pronta a sacrificar seus próprios prazeres pelo bem de outra pessoa; e que ama a Verdade, a Bondade e a Sabedoria pelo que elas mesmas significam...' (CW IX 155). Isto é um belo ideal, e um ideal que não é certamente fácil de alcançar.

Muito mais árdua, entretanto, é a espécie de vida do ocultista que se esforça em seguir a 'Senda'. Sua ambição é provar o fruto da Árvore do Conhecimento do Bem e do Mal que 'abre seus olhos' e faz com que se torne como Deus (*Gênesis* II 5) ou, para ser mais preciso, como um dos *Elohim* (*Gênesis* III 22), antes de provar o fruto da Árvore da Vida que lhe dará a imortalidade (*Gênesis* III 22). Ele chama em seu auxílio a Alma do Mundo, a Mãe Divina, as Águas purificadoras que, há muitos milhares de anos atrás, eram invocadas pelos ascetas arianos em termos que têm sido conservados no *Rig Veda*: 'Possam as Águas das quais o rei Varuna, *Soma*[1] e todos os Deuses retiram sua força e glória, e na

1 'Em linguagem clara, *Soma* é o fruto da Árvore do Conhecimento proibido' para Adão e Eva pelos *Elohim*, para que o Homem não se tornasse como um deles. Ele dá ao Iniciado o poder de deixar seu corpo à vontade, de viver conscientemente nos mundos superiores e de trazer de volta ao 'cérebro físico a memória do que ele vê e aprende' (SD II 499 nota 2/II 524 nota 3/IV 67 nota 3 – DS IV 66 nota 68). O Rei Soma outorga a verdadeira Sabedoria, ao contrário de *Brihaspati* que, nas escrituras hindus, simboliza o culto exotérico com seus ritos e cerimônias sem significado (SD II 499/II 524/IV 67 – DS IV 68). Como a lua, *Soma*, sendo a personificação do 'poder triplo da *Trimurti*' (a trindade

qual *Agni Vaishvānara* entrou, possam essas Águas, essas deusas, me ajudarem aqui embaixo' (VII 49, 4). Lutando para eliminar de si qualquer traço de egoísmo e para estar sempre 'cheio do sentimento de não separatividade do resto dos seres' (CW IX 159), ele tenta executar a injunção do oráculo de Delfos: 'Homem, conhece-te a ti mesmo', porque ele sabe que, em última instância, em cada estágio da ascenção espiritual, 'a chave é o *próprio aspirante*' (CW IX 162).

---

hindu), é também o magnetismo que 'gera a vida, preserva-a e a destrói'. Idêntico a Vênus, Eva, Maria e à deusa caldéia *Astoreth* (ou *Ishtar*), *Soma* é, neste sentido, a Alma do Mundo, a 'Deusa Soberana', a Senhora do Abismo Inferior, a Mãe dos Deuses, a Rainha da Terra e a Rainha da Fecundidade' e o 'símbolo impessoal da Natureza, a barca da Vida carregando através do Oceano Sideral infinito os germes de todos seres' (SD II 463/II 485/IV 30 – DS IV 29; IU II 170, 171, 444).

Leia também
SABEDORIA ANTIGA E VISÃO MODERNA

Shirley Nicholson

A publicação de *A Doutrina Secreta*, de H.P. Blavatsky, em 1888, representou um verdadeiro marco no renascimento da tradição esotérica. Num mundo condicionado tanto pela visão científica materialista como pela ortodoxia religiosa, a obra de Madame Blavatsky auxiliou a popularizar conceitos tais como reencarnação, *karma*, evolução, a Divindade presente em todos os homens, o inter-relacionamento de toda a vida. Sua obra encontrou forte oposição à época.

Hoje, passados mais de cem anos, notamos um crescente interesse em coisas tais como meditação, *yoga*, medicina holística, rituais, física subatômica, etc., o que atesta a emergência de uma nova cultura, bastante receptiva aos princípios da Sabedoria Antiga.

Em *Sabedoria Antiga e Visão Moderna*, a autora faz uma reapresentação dos princípios teosóficos fundamentais, mostra sua sintonia com os avanços científicos contemporâneos e salienta que "essas idéias eternas possuem uma energia, uma vitalidade que é capaz de inspirar aquele que as investiga".

EDITORA TEOSÓFICA

GAYATRI

O Mantra Sagrado da Índia

I. K. Taimni

Este livro do Dr. I. K. Taimni trata-se de uma obra de valor inestimável, oferecendo-nos, de forma bela e precisa, a filosofia, o significado e a técnica da *Mantra Yoga* em geral e do *Mantra Gayatri* em particular. Seu imenso valor reside, sobretudo, em nos revelar por meio de seus lúcidos e didáticos comentários, explanações e exemplos, o papel e a importância do estudo, da devoção e da meditação nas primeiras etapas do Caminho que conduz à Realização espiritual.

A obra apresenta excelentes esclarecimentos a respeito dos Mantras e do genuíno papel da *Mantra Yoga*, auxiliando o leitor na busca de um melhor entendimento deste tema.

Seu autor nasceu e viveu na Índia, é especializado em *Yoga* e no Hinduísmo. Muitos dos seus livros estão sendo traduzidos para vários idiomas, entre os quais estão *A Ciência da Yoga* (Comentários aos *Yoga-Sutras* de Patanjali) e *O Homem, Deus e o Universo*.

EDITORA TEOSÓFICA

A DOUTRINA DO CORAÇÃO

Annie Besant

No texto *A Doutrina do Coração*, que é parte inicial desta edição, A. Besant publicou uma série de extratos de cartas que ela recebeu de correspondentes hindus, místicos e *yogues*, onde são abordadas questões vivenciais da senda espiritual. Há ênfase nas diferentes etapas e dificuldades do processo do despertar interior.

Foram anexados dois pequenos e valiosos textos, de autoria de A. Besant. O primeiro, *A Vida Teosófica*, realça aspectos do viver diário, a reencarnação e o *karma*.

O segundo, *Revelação, Inspiração e Observação*, apresenta uma conferência realizada em 1909, onde a autora faz comentários sobre os diferentes tipos de textos para o uso do estudante: "Revelação" são os textos originais das Religiões, "Inspiração" são textos que têm como fonte um influxo de intuição superior e "Observação" são relatos pessoais de diferentes autores. Ela enfatiza a importância dos textos "inspirados" para o estudo do aspirante.

EDITORA TEOSÓFICA

O HOMEM, SUA ORIGEM E EVOLUÇÃO

N. Sri Ram

"Que é o homem? O homem tem sido descrito como o microcosmo que reflete em sua constituição o macrocosmo."

Este livro é uma investigação sobre o enigma do homem. O que ele é? Qual sua origem? Como se processa a evolução?

É uma boa introdução à antropologia teosófica, com destaque a diversas abordagens, através das quais o homem é visto como um peregrino espiritual, uma chispa Divina e uma Inteligência em busca de uma maior expressão da sua natureza mais sutil. Neste estudo, estas questões fundamentais são analisadas à luz de princípios teosóficos.

N. Sri Ram, que também é o autor de obras como *Em Busca da Sabedoria* e *Pensamentos para Aspirantes ao Caminho Espiritual*, já lançadas por esta editora, indica-nos um horizonte mais amplo para a existência humana.

EDITORA TEOSÓFICA

SUSSURROS DA OUTRA MARGEM

Ravi Ravindra

O presente livro é uma longa meditação sobre e em torno de um tema – o mistério de nossa própria existência. É a tentativa do autor de confrontar as duas maiores tradições religiosas com a pergunta desafiadora: "Quem sou eu?" e – "A Salvação me virá do alto ou do interior?" "Está claro", escreve Ravi Ravindra, "que necessitamos de ajuda para escutar e perseguir nossas próprias perguntas".

Depois de assinalar as múltiplas diferenças que podem ser notadas entre as tradições Judaico-Cristã e Indiana, além de uns poucos elementos comuns, o autor decide que algo mais do que o dogma religioso formal é necessário se desejamos responder ao chamado – ou seja, identificar "este que sussurra da outra margem". Algo mais é necessário à medida que continuamos nossa peregrinação do solitário ao solitário de forma que possamos chegar a conhecer "esta pessoa divina que está além do além".

Ilustrado com parábolas, pequenas histórias e ricas metáforas, este livro estimulante oferece muitas percepções novas para a busca do sentido da vida.

EDITORA TEOSÓFICA

MEDITAÇÃO, UM ESTUDO PRÁTICO

Adelaide Gardner

Ao contrário do que muitos hoje imaginam, a meditação não é uma técnica nova para o desenvolvimento das potencialidades interiores do ser humano. Apesar da exploração muitas vezes sensacionalista do tema no mundo contemporâneo, com apelos ao fantástico e ao sobrenatural (o que denota uma compreensão do assunto demasiadamente centrada na esfera do psiquismo), um estudo mais abrangente revela a presença da prática meditativa no coração das grandes tradições religiosas da humanidade, tanto no Oriente como no Ocidente, através dos séculos.

A meditação é a arte de ser, e neste livro Adelaide Gardner focaliza a naturalidade deste estado de consciência e a grande utilidade que dele pode se obter. Atualmente, há pouca dúvida de que uma consciência calma e concentrada pode aprofundar nossa percepção da vida e permitir o atingimento de um grau maior de paz interior. Este clássico evidencia isto. Tem sido usado por dezenas de milhares de indivíduos e recebeu inúmeros tributos. É recomendado por seu enfoque prático e fácil – como uma ótima diretriz para práticas meditativas adequadas. Um estudo incluindo exercícios que você pode fazer sozinho ou com amigos.

EDITORA TEOSÓFICA

Impresso nas oficinas da:

Artgraf

editora e
artes gráficas
ltda.

SIG - Quadra 6 - Lote 1235
Fone: (061) 225-3317